LA RÉVOLUTION FRANÇAISE ET L'ABOLITION DE L'ESCLAVAGE

TEXTES ET DOCUMENTS

TOME IV

EDHIS

EDITIONS D'HISTOIRE SOCIALE
10, RUE VIVIENNE
PARIS

— IV —

LA REVOLUTION FRANÇAISE
ET L'ABOLITION DE L'ESCLAVAGE

La collection « La Révolution française et l'abolition de l'esclavage » comprend au total quatre-vingt-neuf titres répartis en douze volumes, qui forment quatre séries :

A - *La traite des Noirs et l'esclavage, tomes I à V.*

B - *La Société des Amis des Noirs, tomes VI à IX.*

C - *La révolte des Noirs et des Créoles, tomes X et XI.*

D - *La législation nouvelle, qui, avec une table générale des douze volumes et un index, forme le XIIe et dernier volume.*

TRAITE DES NOIRS
ET
ESCLAVAGE

****

EDHIS
EDITIONS D'HISTOIRE SOCIALE
10, RUE VIVIENNE
PARIS

TABLE DU TOME IV

10 LETTRES des diverses Sociétés des Amis de la Constitution, qui réclament les droits de Citoyen actif en faveur des hommes de couleur des Colonies. - (Paris), Imprimerie du Patriote François, s.d. (1791), 19 pp.

11 PEPIN: Adresse d'un patriote françois à l'Assemblée Nationale sur la Traite des Noirs. Avril 1791. - (Paris), Imprimerie de Valleyre, s.d. (1791), 14 pp.

12 PETITION [ampliative en faveur des Blancs et des Noirs, et Projet d'un Traité important pour les Colonies et pour l'Etat.] - (Paris), s.d. (1791), 2 ff. non chiffrés et 12 pp.

13 BAUX (J.-L.) & GENSONNE (Armand): Lettres importantes relatives à la question des citoyens de couleur. - (Paris), Imprimerie du Patriote François, s.d. (mai 1791), 3 pp.

14 GREGOIRE (Abbé Henri): Lettre aux citoyens de couleur, et nègres libres de Saint-Domingue, et des autres Isles Françoises de l'Amérique. - (Paris), Imprimerie du Patriote François, s.d. (1791), 15 pp.

— 1 —

RÉFLEXIONS

Sur l'abolition de la Traite & la Liberté des Noirs.

DEUX grandes queſtions occupent en ce moment l'Europe entière : l'abolition de la Traite & la Liberté des Nègres font aujourd'hui l'objet des combinaiſons politiques. L'humanité ſemble enfin ſe faire entendre dans notre Continent, & plaide la cauſe des Habitans infortunés de l'Afrique, tranſportés hors de leur Patrie. Mais l'intérêt particulier, ce puiſſant & preſque unique mobile des actions humaines, ſe couvre du voile impoſant du bien public, & oſe réclamer contre les premiers & les plus ſacrés droits des mortels. Il oſe nommer le rétabliſſement de ces droits dans la Colonie, attentat affreux à la propriété ; il le regarde comme le coup mortel porté à l'Empire François, & décide que la ſuppreſſion de la Traite entraîne & la perte de nos Colonies & la ruine de l'Etat. Ceux qui, attaqués du poiſon ſi dangereux de l'inſatiable cupidité, méconnoiſſent les ſacrifices dus à l'avantage général, nomment vaine & fauſſe Philoſophie, ce ſentiment inné dans l'homme ; je veux dire, le déſir de voir tous ſes ſemblables heureux. Ils inſultent à une vertu que l'égoïſme

A

& l'avarice étouffent dans leur cœur ; ils pouffent l'aveuglement jufqu'à foutenir que l'humanité eft un des puiffans motifs qui les conduit fur les bords du Niger, que c'eft elle qui arrache à leurs parens, à leur patrie, à leurs foyers, les malheureux habitans d'une contrée que la cupidité européenne, rend le théâtre de guerres continuelles. O aveuglement ! ô délire de l'efprit humain !

Je fuis bien éloigné de donner mon opinion comme la meilleure. Citoyen de l'Empire François, intéreffé à ce titre, & par d'autres rapports particuliers, à la confervation de la Colonie, je n'ai pour but que d'augmenter fa fplendeur & d'affurer fa tranquillité. Je veux concilier, s'il eft poffible, les prérogatives de l'homme avec le bien de l'état. Convaincu que la félicité d'un empire ne peut ni ne doit, dans le fyftême politique, avoir pour bafe la dégradation des êtres qui concourent à fa profpérité, je propofe les moyens qui me femblent propres à améliorer le fort de la Colonie, en même-temps qu'ils effaceront la tache qu'imprime fur la France un commerce auffi odieux que barbare.

Je crois avoir réuffi dans mon projet, fi je parviens à réfoudre les queftions fuivantes : 1°. L'humanité a-t-elle jamais pu engager les Européens à la Traite des Nègres ? 2°. L'abolition de la Traite eft-elle contraire à la profpérité de l'Etat ? 3°. La Colonie ne peut-elle être cultivée que par des Africains esclaves ? 4°. A quelle époque doit-on abolir la Traite & fixer la Liberté des Nègres.

Les horreurs qui suivirent la découverte du Nouveau Monde, les cruautés inouies exercées dans ce Continent, la destruction totale de la race d'hommes que la nature y avoit placés, voilà les raisons qui forcèrent l'Européen à chercher dans une autre contrée d'autres bras pour cultiver une terre abreuvée du sang de ses Habitans. L'Afrique lui parut le climat dont la température approchoit davantage de celle du pays qu'il vouloit repeupler. Ainsi la première cause du commerce de la Traite est l'inhumanité dépopulatrice des Européens dans l'Amérique. Il leur falloit employer la force ou flatter l'intérêt des Africains , pour les décider à quitter leur patrie. Trop foibles pour tenter le premier moyen, les Européens mirent le second en usage. A la Côte-d'Or comme en Europe , par - tout l'homme est guidé par son intérêt particulier. L'Africain calcula bientôt l'avantage apparent, mais illusoire, que lui procuroit la vente de ses semblables. Aussi barbare que l'Européen qui traitoit avec lui , comptant pour rien la dépopulation de son pays, il sentit que la quantité de marchandises qu'il recevroit en échange , croîtroit en raison des ventes d'hommes qu'il pourroit faire. De là nâquirent ces haines, ces diſſenſſions ; ces guerres qui déſolent les petits Etats de l'Afrique. Plus le nombre des priſonniers étoit grand , plus la victoire étoit glorieuſe & ſur-tout lucrative. L'art des combats ne prit naiſſance dans ce pays qu'à l'arrivée des Européens. En vain objecte-t-on que ſi les Européens n'achetoient pas les priſonniers , ils ſeroient égorgés : par-là , dit-on , on leur épargne un crime ; mais le crime de vendre ſon ſemblable n'eſt-il pas preſque égal à celui de lui donner la mort ? Aveugles Européens , ſi ce barbare Africain a raſſemblé tous ces captifs , s'il a porté le fer & la flamme chez ſes voiſins , s'il calcule avec complaiſance le nombre de citoyens qu'il a arrachés à leur Patrie , c'eſt pour vous vendre à vil prix ces malheureuſes victimes ; c'eſt parce qu'il trouve en vous des êtres auſſi dégradés , auſſi avilis que lui ; c'eſt parce que vous enflammez vous-même ſon ardeur guerriere par l'appât du gain que vous lui préſentez ; c'eſt parce que votre cupidité fait un trafic honteux du ſang & de la vie de vos ſemblables. Ne frémiriez-vous pas d'horreur ſi un peuple étranger venoit dans nos climats faire la même propoſition, & s'il cherchoit à établir en Europe un pareil échange? Quoi, vous ne rougiſſez pas de faire dans un pays étranger ce que vous ne ſouffririez pas dans le vôtre! Barbares, ſupprimez vos voyages dans l'Afrique , ou plutôt n'y portez vos pas que pour y établir un commerce qui ne vous couvre pas de honte aux yeux de l'univers. Laiſſez à cette contrée les habitans qu'elle enfante & nourrit. Bientôt la paix y renaîtra, & la guerre y ſera en horreur. L'Africain paiſible commercera avec vous & avec les nations ſes voiſines. Heureux, il rentrera dans l'état où il étoit avant votre arrivée ſur ſes bords. Ainſi donc nous n'avons découvert le nouveau Continent que pour l'enſanglanter par notre fer ou par notre cupidité ; nous n'y avons paru que pour convaincre ces peuples par la manière dont nous faiſons les échanges à la Côte, & par les traitemens qu'éprouvent les Nègres dans nos navires, que notre Continent renferme des peuples auſſi barbares qu'eux. Voilà donc en quoi conſiſte cette humanité que préconiſent les dé-fenſeurs de la Traite, & qu'ils donnent pour baſe d'un commerce auſſi odieux.

Voyons maintenant ſi l'abolition de la Traite eſt contraire à la proſpérité de l'état. Il eſt hors de doute que la France ne peut ſubſiſter ſans ſes Colonies. Les bénéfices immenſes que porte dans la Métropole, l'importation des denrées coloniales, le ſoutien de notre marine, les grands interêts qui nous uniſſent à l'Amérique, tout oblige de convenir que la France doit s'occuper eſſentiellement de l'exiſtence & même de l'amélioration de ſes Colonies. Le temps, il eſt vrai, a prouvé que les Blancs font d'une conftitution trop foible pour fupporter les feux dévorans du foleil dans les campagnes d'Amérique. Mais il eft au moins douteux qu'une race de Noirs, née en Amérique, ne foit pas plus propre à la culture des terres que l'Africain tranfporté à un âge mûr dans la Colonie; on pourroit même affurer que le fuccès de cette entreprife n'eft point équivoque. Les fouffrances des Nègres dans la traverfée affoibliffent leurs forces & énervent leur tempérament : les maladies cruelles qu'ils éprouvent en Amérique , leur vie prefque toujours très-courte , atteftent qu'ils ne s'accoutument qu'imparfaitement à cette tempé-rature. Or on remédie à tous ces inconvéniens par la création d'une race d'hommes nés dans le pays , & par conféquent plus robuftes & plus laborieux. Cette génération s'y formera , s'y multipliera aifément , fi la quantité de Négreffes y devient beaucoup plus nombreufe , fi le Nègre , moins malheureux , ne voit pas , dans la reproduction de fon efpèce , la naiffance d'êtres auffi infortunés que lui. Le nombre de Nègres étant maintenant affez·confidérable dars la Colonie , que notre gouvernement, fuivant les bafes données par le Dannemarck, fixe la quantité de Négreffes que devra apporter chaque navire : qu'il la fixe, par exemple, aux deux tiers de la cargaifon , ou plus , s'il le juge à propos ; qu'il donne une prime d'encouragement par chaque tête de Négreſſes ſaines & bien conſtituées, qui débarqueront en Amérique. Que le Colon ſoit moins impérieux & moins cruel ; que le Nègre puiſſe être aſſuré de l'eſpérance d'un ſort plus doux pour lui & ſa poſtérité. Bientôt vous verrez nos Colonies peuplées d'une génération de Noirs robuſtes, attachés à leur maître par habitude & par reconnoiſſance, chériſſant le lieu qui les aura vu naître, & ſoutenant les travaux les plus rudes & les plus longues fatigues : de là réſulteront une culture plus ſuivie & une production plus abondante.

Mais ce moyen ne ſeroit pas ſuffiſant. Sans la Liberté, l'Homme eſt un être dégradé dans ſes facultés morales & phyſiques. L'Eſclavage eſt contraire à la nature & à l'ordre ſocial ; outre qu'il eſt la honte de celui qui y eſt ſoumis & de celui qui y ſoumet ſon ſemblable, il énerve notre être en empoiſonnant la vie de regrets & de douleurs. Il eſt abſurde d'avancer que nos Colonies ne peuvent être cultivées que par des Nègres eſclaves. Dans une pareille aſſertion, on reconnoît facilement le langage de l'intérêt qui ſuppute les ſacrifices que lui coûteroit la Liberté de ſon Eſclave, mais qui oublie les larmes de ſang dont ce malheureux arroſe la terre qu'il laboure. La Nature n'a point mis de variété dans la formation morale de l'Homme : en tout lieu elle en a fait un être raifonnable & penfant ; partout elle lui a donné une ame & un cœur ; partout donc il eft capable de fentiment. Le cœur du Nègre, comme le nôtre, eft ouvert à la bien-faifance. Si fon être paroît plus dégradé, les commencemens de cette dégradation ont pour caufe notre arrivée dans fa patrie. Dès l'enfance contraint de défendre fa Liberté, occupé à fe fouftraire à la pourfuite d'un ennemi qui ne l'attaque que pour l'échanger avec nous, il femble dès fa jeuneffe avoir perdu toutes les affections de fon ame. L'état dans lequel il vit en Amérique, la crainte retréciffant, pour ainfi dire, fon être moral, la verge menaçante toujours levée fur fa tête, tout contribue à l'avilir ; mais les fentimens de fon ame ne font qu'enchaînés. Un maître doux & humain a fouvent éprouvé que les vertus ont dans fon cœur plus d'énergie que dans le nôtre. J'en appelle à votre témoignage, Colons bien-faifans, vous, dont les Efclaves n'en ont que le nom. Dans ce moment même où les ateliers de nos Colonies font déferts, où tant de Blancs ont payé de leur fang leur rigueur inéxorable, où l'Efclave a voulu brifer fes fers d'une manière fi terrible, répondez, ô vous, Colons François, qui au milieu de ces monceaux de cadavres avez été préfervés du malheur général par la fidélité &

l'attachement de vos Efclaves ! Venez ici plaider leur caufe au tribunal de l'Humanité. Dites-nous les dangers que vos Efclaves ont courus pour préferver vos jours menacés : racontez comment ils ont éloigné le fer homicide qui alloit vous frapper : dites comment, veillant fur vous comme fur leurs pères & leurs meilleurs amis , ils ont juré de facrifier jufqu'à la dernière goutte de leur fang. Sont-ce là des hommes incapables de reconnoiffance & d'attachement ! Jugez ce qu'ils feroient pour vous , s'ils vous étoient attachés par les liens indiffolubles du refpect & de l'amitié. Oui , c'eft ainfi que l'Européen fera plus heureux & plus tranquille dans la Colonie ; fa vie & fa fortune feroient plus en fûreté ; les habitations feroient mieux cultivées. Celui qui craint & détefte le maître qui le commande & le nourrit , ne peut vouloir que la détérioration de ce qui lui appartient : celui qui arrofe de fes larmes la terre qu'il cultive, ne lui demande qu'à regret & avec indifférence fes tréfors & fes bienfaits. Je foutiens donc que la profpérité même de la Colonie réclame pour la deftruction de la Servitude en Amérique. Qu'on ne m'oppofe point que la Liberté des Nègres entraîne la néceffité de les falarier. Comment le faire, dit-on , dans un pays où il y a peu de numéraire en circulation ? Mais le numéraire n'eft-il pas le figne repréfentatif de la denrée ; par conséquent, ne peut-on pas payer un journalier en denrée comme en numéraire ? Rien ne me paroît plus facile à la Colonie. Le falaire du Nègre lui feroit donné en denrées coloniales, dont le prix feroit tous les fix mois taxé par le Gouvernement à un taux inférieur, de cinq pour cent, par exemple, au prix auquel il pourroit les vendre. Car la première bafe de cette opération eft de mettre le Nègre dans le cas de faire un échange facile, & qui puiffe tourner au profit de celui qui le feroit avec lui ; cet échange auroit lieu ou avec fon maître pour des chofes de première néceffité, ou avec quelque Nègre intelligent & actif qui, ayant acheté à un prix modéré les denrées coloniales, pourroit entrer, même avec bénéfice, en concurrence avec le propriétaire de terres dans la vente qu'il en effectueroit avec nos navires. Ne voyons-nous pas ce paiement des journaliers avoir lieu en denrées dans l'intérieur du Royaume ? En ce moment où le numéraire eft rare en France, plufieurs manufactures ne paient-elles pas en partie leurs ouvriers en denrées de première néceffité ? Les travaux ont-ils été rallentis, l'induftrie a-t-elle fouffert de cette opération ? Pourquoi donc défefpérer de faire avec fuccès dans la Colonie ce qu'on fait fans difficulté dans la Métropole ?

Si de ces principes il fuit que la Traite peut

être abolie , ainsi que l'Esclavage du Nègre , il n'est pas moins certain aussi que les plus grands inconvéniens résulteroient de leur abolition prompte & prochaine. Ce seroit errer en politique que de mettre de la précipitation dans un pareil changement. Ceux qui le désirent, qui peut-être même ont travaillé par leurs discours, par leurs sourdes intrigues à en hâter l'époque, font des monstres dans l'ordre politique & dans l'ordre social : ils répondront un jour du sang qu'ils viennent de faire couler : de tels forfaits seront tôt ou tard punis dans eux ou dans leur postérité ; rien ne peut les excuser. Il ne peut y avoir de faute tolérable dans ceux qui tiennent les reines du Gouvernement : ils doivent tout prévoir, tout calculer. Il est des opérations politiques , dont l'époque est indiquée par les progrès de l'opinion & de la raison. Notre Gouvernement doit donc encourager , pendant quelques années encore , le Commerce de la Traite. Je le répète , il doit sur-tout ordonner le transport de Négresses saines & bien constituées. Il faut non-seulement recréer dans nos Isles une génération de Cultivateurs , mais il faut la recréer vigoureuse & robuste : ce succès dépend du choix des mères. Quatre ou cinq ans suffiront pour transporter aux Colonies la quantité de Négresses nécessaires pour la population. Alors la Traite sera abolie pour toujours ; car sa destruction doit précéder de plufieurs années la Liberté des Nègres. Si ces deux opérations étoient trop rapprochées, aucun propriétaire n'acheteroit de Négreffes. En effet, il n'auroit pas un affez long efpace de temps pour regagner par le travail ou la fécondité des Afriquaines le prix qu'il auroit mis à leur achat. Il eft inconteftable que l'Etat doit par une fage adminiftration ménager le propriétaire, & combiner l'intérêt particulier avec l'intérêt public, fans facrifier le dernier au premier. L'époque de l'abolition totale de la Traite fixée en 1796 ou 1797 me paroît affez éloignée pour que l'intérêt de la Colonie, ni celui du Colon, ne foit pas compromis.

Deux motifs puiffans doivent reporter la Liberté du Nègre à des temps plus reculés. D'abord il faut attendre que cette nouvelle race d'hommes, deftinés à cultiver les Colonies en remplacement de nos Efclaves, ait pris fon accroiffement. La première attention eft de ne point laiffer d'inter-ruption dans la culture d'un pays fi précieux à la Métropole. En fecond lieu, en fixant la Liberté des Nègres en 1805 ou 1806, la France fera dans le cas de juger les effets de ce bienfait dans les Colonies Etrangères où l'époque eft plus rapprochée ; elle calculera les modifications qui pourroient être néceffaires dans l'accompliffement de ce projet ; elle laiffe en outre aux propriétaires de Nègres le temps de s'indemnifer de leurs frais d'achat, de captiver le cœur & l'amitié de leurs Efclaves, & de s'en affurer par la douceur, la poffeffion volontaire, lorfqu'ils feront libres. Heureux les Maîtres qui verront àcette époque leurs Nègres réclamer leur bienveillance & leur appui !

Le concours & l'accord des Puiffances ne me femble nullement néceffaire pour cette opération. Un Gouvernement ne peut-il donc à fon gré faire tel ou tel changement dans fon fyftême politique? Celui que les rayons de la lumière frappent le premier ne peut-il donc en profiter parce que les autres reftent enfévelis dans les ténèbres? L'erreur dans le temps fut générale dans l'Europe ; parce que l'Europe entière, comme de concert, avoit arrofé le nouveau Continent du fang de fes habitans ; & que, par une fuite de barbarie , elle ne pouvoit concevoir qu'un fyftême barbare de population pour un Pays dont elle devenoit le tyran & le defpote. Mais la France ne peut troubler , en embraffant le parti de l'humanité , les autres Gouvernemens. Augmenter fa profpérité , porter le bonheur dans toutes les parties de l'Empire, faire aimer & refpecter les Lois de tous les fujets, eft-ce donc là chercher à ébranler les autres Etats? c'eft, au contraire, leur montrer le chemin le plus fûr pour parvenir à la vraie gloire & à la fplendeur la plus durable. Il eft inutile d'obferver que le

Gouvernement François, en accordant la Liberté aux Nègres, devra, par un co.le de Lois fevères, par une force pour quelque temps impofante, maintenir dans le devoir les Noirs qui, méprifant un tel bienfait, oferoient s'en fervir pour ébranler la Colonie & la détacher de la Métropole.

L'humanité feule a dirigé ma plume, & je m'en fais gloire. J'euffe renoncé à mon opinion, & j'y renoncerois encore fi le bien & la profpérité de l'Empire pouvoit fouffrir quelque atteinte d'un fi grand changement. Mais pour me convaincre il faut des raifons, & non des mots; il faut des principes, & non des déclamations appuyées fur des hypothèfes : il faudra me démontrer l'impoffibilité d'une génération de Noirs nés en Amérique, & le dénuement total des affections de l'ame & du cœur dans les Africains : ces preuves me paroiffent un peu difficiles à trouver. Enfin j'·¡ fatisfait mon cœur; cette douce idée fuffit à mon bonheur. Puiffent mes vœux pour la Liberté des Negres être réalifés ! Puiffe fur-tout ma Patrie devenir le féjour de la paix ! Puiffe-t-elle parvenir à ce haut point de grandeur & de gloire que me femble lui promettre l'adoption de ce fyftême de bienfaifance & d'humanité !

A Orléans, de l'Imprimerie de L. P. COURET, rue du Colombier; n° 74.

— 2 —

TRAITE DES NÈGRES.

A MESSIEURS
LES DÉPUTÉS
A L'ASSEMBLÉE NATIONALE.

MESSIEURS,

APRÈS nous avoir donné une Constitution qui assure les Droits de l'Homme et ceux du Citoyen, laisseriez-vous passer cette Session à jamais mémorable , sans vous occuper du sort des Noirs dans nos Colonies ? Livrés au despotisme le plus absolu, ne jouissant d'aucune espèce de droits , n'ayant aucun moyen de faire parvenir leurs plaintes jusqu'à vous , leur état forme dans le Corps politique une monstrueuse difformité.

Il n'est pas étonnant que, sous le règne désastreux de nos derniers Rois, le Ministère , livré tour-à-tour au despotisme , à la superstition , à l'insouciance , ne se soit pas plus occupé du bonheur des Noirs que de celui des Blancs; qu'il ait laissé les uns dans l'esclavage, comme les autres dans la misère; qu'il ait permis et encouragé le commerce odieux de la Traite des Nègres, comme il a favorisé les déprédations qui ont mis la France à deux doigts de sa perte : mais, dans ce moment où la raison peut se faire entendre, où le sentiment de la justice semble être devenu le sentiment dominant, où nous avons un Roi qui ne desire et ne veut que le bien, il paroît impossible que l'Assemblée Nationale consacre par son silence des abus qui font frémir la Nature, et qu'elle souille ses Décrets en y joignant le Code Noir.

Je sais, Messieurs, qu'on vous objectera que les Nègres sont loin de vous; que, chargés de régénérer la France, vous ne pouvez vous occuper de ces Peuples éloignés, qui semblent n'avoir rien de commun avec elle : mais combien cette objection est futile ! Les Noirs de nos Colonies ne sont-ils pas sous la Domination Françoise ? N'est-ce pas d'après nos loix, d'après nos primes, avec nos munitions, qu'ils sont achetés ou enlevés dans leurs pays, entassés dans nos vaisseaux, et condamnés pour jamais à un esclavage rigoureux ? Notre Gouvernement ne les a-t-il pas froissés et enlacés de toutes ses chaînes ? Leur a-t-il laissé un moyen de se soustraire à l'oppression ? Ne les a-t-il pas livrés, nuds et sans défense, aux fouets des Commandeurs ? Comment donc pourroit-on dire que nous n'avons rien à démêler avec eux ? Sans doute vous ne pouvez donner des loix aux Souverains d'Afrique; mais vous devez justice et protection à ceux de leurs sujets que nous avons forcés à vivre sous notre empire :

vous ne pouvez réformer les mœurs des Nègres vendeurs d'esclaves , mais vous pouvez dire : Ne soyons plus leurs complices.

Je n'examine point s'il est quelque pouvoir qui ait le moindre droit de conserver l'esclavage dans nos Colonies ; mais ce que je sais , du moins , c'est qu'aucune vue politique , aucune réclamation des Colons ne peuvent s'opposer à l'abolition de la Traite des Nègres. Ce Commerce destructeur de nos Matelots nous est pernicieux sous tous les rapports ; c'est une vérité démontrée pour l'Angleterre même. Pourquoi donc cette Assemblée législatrice , si distinguée par ses lumières et par ses vertus , laisseroit-elle subsister ce long crime des Gouvernemens corrompus ? Pourquoi laisseroit-elle à une autre législature la gloire immortelle de le proscrire ? Pourquoi se laisseroit-elle à elle-même cette tache indélébile , d'avoir pu détruire cette source odieuse d'atrocités et de malheurs , et de l'avoir laissé subsister ?

Ah ! Messieurs , il n'est que trop vrai , la Traite des Nègres est une source de crimes et de malheurs. Pardonnez à ceux qui l'ont vue de près , le desir de vous en occuper un moment. Daignez jeter les yeux sur cette description d'un vaisseau négrier , qui a été déposée dans vos Bureaux ; voyez que de malheureux souffrent ! et si l'on pouvoit mettre de même sous vos yeux le tableau de ce qui se passe en Afrique , si vous connoissiez tous les moyens qu'on emploie pour se procurer des esclaves ; si vous voyiez à l'arrivée de nos bâtimens , et sur la demande de nos Armateurs , les Rois se mettre en campagne, tomber à l'improviste sur les Villages, les brûler quelquefois, pour enlever les malheureux qui fuient les flammes, ou vendre par centaines leurs propres sujets, lorsqu'ils n'ont pas d'autres moyens de se procurer nos marchandises d'Europe ; si vous pouviez suivre les vils Marchands d'Esclaves, allant à la chasse de leurs semblables ; si vous les voyiez se porter dans les rizières, auprès des sources, entre les Villages, pour enlever les femmes et les enfans, ou des hommes sans défense ; si vous voyiez des Capitaines négriers eux-mêmes attirer ces pauvres gens, les enivrer d'eau-de-vie, et les jeter dans leurs vaisseaux ; si vous étiez témoins de toutes les horreurs qui se commettent, (et qui ne se commettent que pour les Européens) vos cœurs saigneroient, ils se souleveroient d'indignation, et le plus auguste Décret qui puisse jamais honorer des législateurs, proscriroit pour toujours ce trafic infâme, qui fait l'opprobre des Nations policées,

A Paris, chez BAUDOUIN, Imprimeur de l'ASSEMBLÉE NATIONALE, rue du Foin S. Jacques, N°. 31, 1789.

— 3 —

REQUÊTE

PRÉSENTÉE

A NOSSEIGNEURS

DE L'ASSEMBLÉE NATIONALE,

En faveur des Gens de couleur de l'île de Saint-Domingue.

JE préfente à l'affemblée nationale la caufe d'une claffe nombreufe de citoyens libres de l'île de Saint-Domingue, connus vulgairement fous le nom de Gens de couleur. Les propriétaires de cette claffe intéreffante, forment au moins le tiers de ce qu'on appelle habitans dans la colonie. Un

A

grand nombre ne confervent pas même de trace de fang mêlé ; plufieurs ont contracté des alliances honorables, avec des familles diftinguées de la métropole : tous font des citoyens utiles, laborieux, recommandables en général par la douceur de leurs mœurs & la fageffe de leur conduite. Mais ces qualités, qui auroient dû ouvrir les yeux aux blancs qui les oppriment, & à l'adminiftration qui tolère ces injuftices quand elle ne les favorife point, n'ont fervi de rien jufqu'ici, pour adoucir le fort de ces eftimables colons. Ceux mêmes qui fe font occupés de l'efclavage des nègres, n'ont rien dit des gens de couleur, qu'un préjugé barbare ofe encore traiter comme des efclaves. Ils ont beau être libres depuis plufieurs générations, poffèder des habitations qu'ils rendent floriffantes par leur induftrie, donner à leurs enfans une éducation digne des parens les plus attentifs de l'Europe, l'injuftice américaine les repouffe dans la fervitude dont ils font fortis ; une confpiration générale des blancs, qui reffemble plutôt à un complot de brigands qu'aux opinions exagérées des peuples libres, leur fait baiffer le front fous des humiliations qu'ils ne méritent pas, & les expofe à des avarices qui, pour avoir été long-tems fupportées avec patience, n'en font pas moins intolérables. Je plaiderai leur caufe avec le courage d'un honnête homme lié par état aux intérêts de l'humanité & de la vertu, & qui a fait dans fon cœur le ferment facré d'employer fes talens à la défenfe de ces intérêts qui font de tous les tems & tous les lieux. Aujourd'hui mon zèle me tranfporte dans un climat brûlant, où je vois des defcendans des Européens gémir fous des préjugés tyranniques, & des loix barbares. Les nuances de la couleur ne m'empêcheront point de reconnoître en eux, les enfans & les frères de leurs maîtres. Que dis-je, des maîtres? ceux qui font libres n'en ont point, & ne doivent voir que leur égaux dans les blancs; plufieurs même, par leur éducation, leurs connoiffances & leurs mœurs, feroient dignes de les commander.

A Dieu ne plaife que je veuille leur donner des fentimens trop éxagérés d'eux-mêmes! ce n'eft pas là ce qu'ils demandent; ils ne réclament que les fimples droits de l'humanité & de la juftice; ils fupplient leurs frères de diftin- en eux les facrés caractères de la liberté & de la propriété; un grand nombre d'entr'eux leur offrira cette blancheur de peau dont la nobleffe américaine paroît être fi jaloufe, & qui en conftitue en quelque forte l'effence; ils ne difputeront pas même de teint avec un grand nombre de blancs dont le hâle de nos provinces du midi & les chaleurs du Tropique ont un peu altéré la couleur; ils confentent que ceux-ci fe regardent comme les blancs par excellence, pourvu qu'ils daignent en croire leurs yeux fur l'épiderme des gens de fang mêlé, qui ont perdu jufqu'aux moindres veftiges de leur origine Africaine. D'ailleurs, qu'a cette origine de fi criminel? Faut-il reprocher aux africains le malheur d'une condition qui les a fait tomber dans les mains des Européens? & être né d'une mère enlevée par des brigands, fur les bords du Sénégal, eft-ce une tache indélébile dans tous les fiècles? J'augure mieux de celui-ci, & des lumières de mes comtemporains d'Europe. Il faut efpérer que la raifon & l'humanité pénétreront auffi dans l'Amérique françoife.

Lorfque les François fe font établis à Saint-Domingue, il s'eft formé des unions de fèxe entre les maîtres & les efclaves. Louis XIV les autorifa par un édit, quand elles étoient légitimes. Il femble d'abord que la vanité & la tendreffe des maîtres, de concert, auroient dû affurer la liberté aux enfans qui naiffoient de ces unions. Ils participoient dès-lors au fang des blancs; ils devenoient François par le mélange du fang françois avec le fang africain; l'adminiftration, fi elle eût été éclairée, auroit dû voir dans le rapprochement des efpèces, un moyen d'accroître la profpérité & la force de la colonie, en affociant aux droits des blancs, fi peu nombreux en comparaifon des efclaves, une claffe d'hommes qui tenoit déja aux blancs par un commencement de couleur, & qui étoit une conquête faite par la nature fur l'efclavage, au profit de la métropole. Ces enfans élevés dans les habitations, fous les yeux de leurs parens ou des maîtres qui les auroient adoptés, comme une richeffe de plus, auroient contracté avec l'habitude du travail, le refpect & l'amour des maîtres qui les élevoient; libres, mais foumis, on en auroit fait, avec le tems, des foldats, des artifans, des chefs d'habitations, à la fidélité defquels on auroit pu s'en rapporter. Et qui doute que de pareilles inftitutious n'euffent été infiniment utiles à un pays qui auroit trouvé dans ces enfans une claffe d'hommes faits au climat, liés dès leur naiffance aux propriétaires de l'île, ayant les mêmes intérêts, & pouvant devenir habitans à leur tour? Point du tout; on a laiffé tout faire au hafard; & malgré les obftacles, les vexations, les mépris, il eft arrivé que les gens de couleur libres, font devenus en affez grand nombre pour former un tiers de la population libre de la colonie, dont un nombre confidérable font propriétaires.

Cette claffe fi utile de citoyens de couleur, libres depuis plufieurs générations , habitans aifés , propriétaires eftimables , fouvent alliés par le fang à des familles dif- tinguées dans la métropole , n'en gémit pas moins fous le préjugé de la fervitude. Il ne leur fert de rien d'enri- chir la colonie par leurs travaux , de l'honorer par leurs mœurs. La ligue des blancs , plus forte que leurs vertus , infenfible aux moyens de profpérité qu'ils offrent à la mère-patrie , les tient dans un état de dépreffion d'autant plus cruel , qu'il eft dépourvu de tout prétexte de juftice , de toute apparence de raifon. La qualification injurieufe *du fang mêlé* eft le mot de ralliment de ces hommes qui fe partagent tous les emplois de l'île , toutes les graces du gouvernement ; perfuadés qu'ils forment une efpèce fupérieure , Créoles & Européens , ils ne daignent pas même admettre les gens de couleur , bien élevés , propriétaires , riches , auffi blancs qu'eux , dans leurs milices pacifiques. Le moindre foupçon de fang mêlé eft un titre d'exclufion. Des calomniateurs à gage , des généalogiftes mal - inten- tionnés paffent leur tems à faire d'odieufes recherches pour nuire à des citoyens innocens. Des voix vénales dans le barreau font les échos d'une infâmie ridicule qu'un fot orgueil ne ceffe d'accréditer. On ne le croiroit pas , fi on n'en avoit des preuves fans nombre : les blancs , avec ce fantôme de *fang mêlé* , ont fondé , fous le tropique , une ariftocratie auffi dangereufe , & bien moins fpécieufe que celle d'Europe : en Europe , c'eft la nobleffe du *nom ;* en Amérique , c'eft celle de la *peau.* Mais ce caractère de la couleur s'efface à la longue ; il n'importe : on recherche avec une malignité barbare , les traces du fang que des hommes honnêtes ont reçu de leurs ancêtres Européens , unis à des efclaves d'Afrique. Leur épiderme a beau effacer par fa blancheur, le teint olivâtre de beaucoup de créoles & de blancs nouvellement arrivés aux îles, on leur reproche inhumainement le mélange de leur fang ; on ne leur tient aucun compte des générations qui les rapprochent de plus en plus des Européens auxquels ils doivent leur origine ; on leur prodigue le mépris jufqu'à leur faire défirer de quitter une terre qu'ils rendent féconde, & où ils font tous les jours inquiétés par des tyrans auffi abfurdes que barbares : on foule aux pieds, à leur égard, tous les droits de l'humanité & de la fociété.

Ils font exclus des emplois civils & militaires, quelque richeffe qu'ils aient acquife, quelque confidération qu'ils méritent par leur bonne conduite & leurs mœurs. On leur refufe les exemptions auxquelles ils ont droit comme propriétaires ; exemptions qui ne font accordées qu'aux blancs, & dont il faut efpérer qu'ils feront le facrifice ; car ce font les priviléges nobles de ce pays-là, On tient à deshonneur de s'allier avec eux, de monter la garde avec eux, de manger même avec eux. Je n'imagine pas que les Juifs aient jamais fubi autant d'humiliations dans aucun pays de l'Europe. Les bureaux d'aminiftration, les gouverneurs, les états-majors, les intendans, leurs fubdélégués fur-tout, les jugent arbitrairement fur le feul crime de *fang mêlé*, comme n'étant pas faits pour figurer avec les autres citoyens ; on les rançonne quelquefois fous ce prétexte ; on les expofe à chercher de faux titres pour faire difparoître cette tache originelle des colonies. Il eft fouvent impoffible à un homme de couleur, quoique riche, d'obtenir juftice d'un blanc qui l'aura injurié, maltraité de paroles ou de coups. On a vu des

juges inacceſſibles à la corruption , défendre avec un courage vraiment héroïque , cette prérogative de la peau ,
contre les plaintes & les meurtriſſures des gens de couleur;
tant il importe de maintenir cette noble ariſtocratie de l'épiderme dont les anciens ne s'étoient point aviſés , & qui eſt
une découverte intéreſſante que nous devons à l'ariſtocratie
moderne.

Il eſt tems de réformer par de bonne loix , ce régime
barbare & inſenſé. Le ſalut des colonies le demande ; la ſûreté
de ces établiſſemens en dépend : il faut prévenir les émigrations , il faut lier les membres de la même ſociété au
même intérêt ; il n'appartient qu'à des femmes de diſputer
de la blancheur de la peau , & il eſt ſouverainement ridicule que des françois , au dix-huitième ſiècle , s'occupent
de ces misères. Les blancs travaillent contr'eux-mêmes , en
entretenant ce pitoyable préjugé. Que d'établiſſemens avantageux ils manquent par-là ! quel germe de diſcorde ils
fomentent dans les colonies ! Moins avancés , à cet égard ,
que les Eſpagnols & les Portugais qui ont fait des loix pour
effacer cette tache de la peau , & rapprocher des conditions
que l'ancienne barbarie tenoit éloignées : rougiſſons de
n'avoir pas donné cet exemple à nos voiſins.

Les gens de couleur réclament aujourd'hui , par ma
voix , les droits naturels de l'homme , ceux de citoyens ,
puiſque la plupart ſont libres , ceux de propriétaires , puiſqu'ils ont des propriétés , & que pluſieurs d'entre eux ſont
très-riches. Il faut intéreſſer leur fortune particulière à la
fortune publique , en les faiſant jouir des droits dont on
leur a refuſé l'exercice juſqu'ici. Ils ſont François , attachés au Roi & à la mère-patrie ; pourquoi donc ces diſ

tinctions affligeantes qui excluent des emplois civils &
du fervice militaire , des habitans qui ont la même fortune & la même capacité que les blancs qu'on leur préfère ? Ils avoient droit , à l'époque de la convocation des
états-généraux , d'être appellés aux affemblées de la colonie , comme électeurs & comme éligibles , pourquoi n'a-
t-on point penfé à eux ? Pourquoi ces hommes qui font un
tiers des propriétaires de l'île n'ont-ils point concouru à
l'élection des repréfentans du pays ? Pourquoi n'ont-ils
point eux-mêmes des repréfentans dans l'affemblée nationale ? Les faux principes qui ont dirigé jufqu'ici l'adminiftration à leur égard font caufe de l'injuftice qu'ils ont
éprouvée : mais ils peuvent compter fur la juftice des députés de S. Domingue , s'ils font dignes , comme nous n'en
doutons pas , de leur honorable miffion. L'intérêt qu'ils
montreront pour les gens de couleur , juftifiera aux yeux
de l'affemblée nationale , de la France , de l'Europe entière , les réclamations qu'ils ont faites pour repréfenter la
colonie , & être admis au nombre des députés d'une nation libre. Qu'ils penfent qu'ils ne font pas feulement les
commettans des blancs , mais de tous les hommes libres
de l'île ; qu'ils corrigent par un fentiment noble de leur
dignité , ce qu'ils y a eu de défectueux dans leur élection
où les gens de couleur n'ont point été appellés : nous
ne demandons point qu'ils foient généreux , mais qu'ils
foient juftes , qu'ils envifagent cette claffe de la population coloniale ennoblie par fes utiles travaux , en hommes ,
en citoyens , en François. Ils ne peuvent la méprifer ,
fans flétrir leur députation d'un vice radical , & infirmer
la juftice des réclamations qu'ils ont faites pour avoir

place

place dans l'affemblée nationale. Ah ! s'ils étoient capables de méconnoître un moment des intérêts auffi facrés, il faudroit encore les repouffer dans cet hémifphère indigne des mœurs de l'Europe , & où tant d'aventuriers n'ont paffé que pour y donner des preuves perfévérantes de férocité & de barbarie. Gouvernez - vous , leur dirions-nous , par des mœurs & des ufages qui répugnent aux nôtres. Mais n'afpirez point à participer aux fages inftitutions dont nous nous occupons pour le bonheur général ; vous en êtes indignes, vous qui traitez des hommes libres comme des efclaves , vous qui vous croyez nobles , & qui n'avez pas honte de flétrir votre poftérité dans une race nombreufe & libre , qui eft iffue de vous. Ah ! puifqu'ils fentent le prix de la liberté , puifqu'ils font appellés par le travail & la propriété , à jouir de tous les avantages des hommes libres , pourquoi vous obftinez - vous à leur dénier ces avantages avec une barbare infolence ? Hommes d'un jour, vous vous glorifiez du fang européen qui coule dans vos veines ; ce font là prefque les feuls titres de nobleffe de la plupart d'entre vous ; & vous dédaignez ce même fang dans les veines où vous l'avez fait couler , & vous ofez traiter en efclaves les enfans qui font nés de vous? Mais le meilleur des peuples veut être auffi le plus fage & le plus humain des législateurs ; il vengera vos enfans des injuftices de leurs pères ; vous reconnoîtrez enfin pour des frères ceux que vous avez fi longtems & fi méchamment dédaignés ; & fi c'eft malgré vous, l'Europe ne verra dans votre conduite, qu'une iniquité confommée , qui n'empêchera point cependant que les droits de l'homme ne foient rétablis. Mais j'aime à croire que vous ferez juftes. Ouvrez les yeux fur ces concitoyens que vous repouffiez loin de vous ; ils vous touchent de plus près que ces hommes vos égaux, qni gémiffoient tout à l'heure fous la tyrannie des mœurs féodales. Cenx-ci, au moins, ne vous appartenoient en rien pour la plupart : ils n'avoient pour eux que le nom François & cet épiderme blanc dont votre colonie eft fi orgueilleufe. Mais quelque baffe que fût leur extraction, quelque deshonoré que fut le nom qu'ils vous apportoient d'Europe, une fois que leur pied avoit touché vos rivages, ils étoient vos égaux, & fe croyoient faits pour jouir de toutes vos prérogatives. Mais ceux-là portent les caractères vifibles de votre paternité : fans vons ils ne feroient pas nés ponr être méprifés & malheureux ; fans vons, fans les brigands qui ont été chercher leurs mères infortunées fnr les côtes de l'Afrique, rien n'auroit altéré, corrompu un fang qn'ils ont droit de regarder comme auffi pur que le vôtre, fi la différence de la couleur n'efface point en eux les traits de l'humanité. Rougiffez donc de vos préjugés ; venez les confondre dans des loix douces & humaines, qui honorent autant ceux qui s'y foumettent, que les fages législateurs qui leur donneront leur caractère & leur force. Retirez les gens de couleur de leur dépreffion, qu'ils apprennent que vous êtes des hommes, par l'acte folemnel qui les égalera à vous dans les chofes où ils font vos égaux, par la nature, la liberté, la propriété, le droit de ne former avec vous qu'une feule & même famille.

D'après les principes développés dans cet écrit, je demande, 1°. que toutes les personnes de couleur, soient dorénavant réputées libres dès leur naiffance, comme participant au fang Européen, & qu'il en foit fait un article particulier dans la conftitution du royaume.

2°. Que les colonies & le gouvernement avifent aux moyens d'affurer l'état & le fort des enfans de couleur, foit par l'engagement des propriétaires, foit par l'adoption, foit par des établiffemens deftinés à les conferver.

3°. Que les gens de couleur, propriétaires, jouiffent à l'avenir de toutes les prérogatives des blancs, à la deuxieme génération de légitimité ; qu'ils puiffent prétendre fans exclufion quelconque, à tous les emplois civils & militaires, comme les autres habitans de l'île, & les blancs venus d'Europe.

4°. Qu'il foit défendu, fous les peines les plus feveres, de faire à perfonne le reproche de *fang mêlé*, & que l'on faffe droit aux plaintes qui pourront s'élever fur cet objet.

6°. Que le gouvernement ait l'attention de relever le courage de cette claffe d'hommes libres, en les faifant partfciper aux honneurs dont il difpofe ; qu'il s'occupe à faire difparoître l'irégalité qui a regné jufqu'ici entre eux & les blancs, en employant tous les moyens de confidération, de perfuafion & de juftice qui feront en fon pouvoir.

7°. Que ce foit une maxime d'état de maintenir les principes d'égalité établis ci-deffus, pour donner plus de force aux deux claffes réunies des blancs & des hommes de couleur, afin de pourvoir efficacement à la dignité de la Nation Françoife, dans ces climats lointains, au falut de fes établiffemens, & à la profpérité des colonies.

Signé, l'Abbé *DE COURNAND, Lecteur & Professeur Royal de Littérature Françoise.*

— 4 —

L'HOMME

REDEVENU

HOMME,

OU

LES AFRICAINS

A L'ASSEMBLÉE NATIONALE.

Homo ad homines pro hominibus.

Quamvis ille niger, quamvis te candidus esses.
VIRG.

Qui calcat nigros, verus et ille niger]

Denigrata est super carbones
Anima eorum....
ISAIE.

Par un ancien Capitaine d'Infanterie.

1790.

L'Asmblée nationale reconnoît et déclare, *en présence et sous les auspices de l'Etre Suprême* : que les hommés naissent et demeurent libres et égaux en droits.

L'HOMME

REDEVENU

HOMME.

MESSIEURS,

En débutant dans la carrière de la législation, vous vous êtes mis en présence du Législateur de l'Univers. Vous avez pour ainsi dire gravé à l'entrée du lieu qui vous rassemble, la formule auguste, l'aveu religieux, qui pare vos décrets et dès ce moment, il a dû devenir comme un temple où la justice et l'humanité trouveront leur premier autel.

Oui, Messieurs, vous avez appelé le ciel et la terre en témoignage de votre fidélité envers elles. Qu'il soit donc permis à ceux dans la personne de qui elles ont la première et la plus inviolable de toutes les causes à vous présenter, de prendre solemnellement acte du contrat que vons avez solemnellement passé envers nous sous leur nom, et de vous sommer, en rappelant le grand témoin et le grand juge dont

vous avez invoqué le nom et reconnu la surveillance, de tenir des promesses si chères, qui
nous sont cautionnées par des formes si augustes.

Vous avez garanti les dettes de la nation.
Vous les avez mises sous la sauve - garde de
l'honneur françois, et vous avez attaché l'infamie et l'anathême au mot de banqueroute ; et
tous les créanciers de la nation se sont saisis
avec avidité d'une déclaration si authentique,
si irrévocable, comme du gage le plus infaillible. Eh bien ! nous prendrons encore solemnellement acte de cette dernière, en faveur des
plus grands créanciers qu'ait cette nation ; car
elle ne doit que de l'argent à quelques-uns de
ses citoyens, ou à des nations voisines ; mais
elle doit aux Africains le caractère extérieur de
l'homme ; elle leur doit l'honneur ; elle leur doit
le repos ; elle leur doit la vie dont elle s'est
emparée, sans autre droit que celui du plus
fort ; c'est-àdire celui des bêtes féroces. Oui,
vous avez déclaré l'honneur de la France engagé pour de l'argent, et le vôtre est doublement engagé avec le sien, et comme citoyens
et comme représentans ; n'y auroit-il donc rien
d'engagé pour une dette aussi supérieure à
celle-là, que l'homme lui-même est supérieur
au métal, à un vil limon, que le soleil a coloré.

Non, ce n'est pas de l'argent que la France doit à l'Afrique, ce seroit peu de chose, elle lui doit ce qui échappe à toute aritméthique, malgré le scandale et l'impiété des évaluations, que les adorateurs de l'or osent faire ; en un mot, elle lui doit des hommes, et ce sont vos propres principes, ce sont vos propres actions que nous invoquons, pour faire évaluer toute l'étendue de cette créance. Ah ! si vous étiez capables de faire à la justice une si horrible banqueroute, qui seroit un parjure, à quoi vous serviroient et à la nation des quittances d'argent ; et qu'auriez-vons avancé avec tant de travaux pour l'acquit de son honneur et du vôtre. Tout resteroit encore à faire pour lui, quand il ne resteroit autre chose à faire.

On fait des livres, et l'on envoie des députations pour prouver qu'une nation en peut assassiner une autre quand elle est la plus forte, et qu'elle y trouve son profit ; et pour prouver que toute assertion contraire n'est qu'une subtilité de logique, ou une abstraction de méta_physique. Les Cartouches et les Guillery n'ont point fait de livres et n'ont point envoyé de députation, pour établir de tels principes de législation, et de tels axiomes de morale. Mais ils les ont mis en pratique, et leur vie n'a pu avoir d'autre fondement qu'une semblable théorie. Ne doutons pas qu'ils ne traitassent aussi de subtilité ou d'abstraction de métaphysique, ces deux grandes défenses gravées de la main divine dans tous les cœurs : tu ne voleras point, tu ne tueras point : ce qui comprend bien sans doute tu n'enchaîneras point, tu n'estamperas point ; tu ne feras point labourer sous les fouets déchirans. et tu ne feras point à autrui la nécessité de se révolter, pour trans_former en crime cette nécessité qui est ton ouvrage ; et, sous le prétexte d'exemple, faire périr des innocens dans les suplices ; parce que cela est abominable devant Dieu et les hom_mes ; que cela outrage, à-la-fois, le ciel et la terre ; et que pour le faire, il faut être, à-la-fois, athée et barbare ; rénier, à-la-fois, Dieu et la nature.

Nous ne ferons point de livre pour refuter toutes les scandaleuses folies qui remplissent ceux que nos tyrans achettent, point de livre pour prouver que rien n'est moins subtil ou abstrait que de dire qu'on ne peut voler et assassiner son prochain sous aucun prétexte imaginable, et que rien au monde ne peut dis_penser d'être honnête-homme. Que d'ailleurs, il y a bien loin de quelques centaines d'hommes à vings-cinq millions, et que la raison d'état et les grands intérêts de la politique ne sauroient

être dans le cofre-fort, la table et les ameu
blemens d'une imperceptible poignée d'individus, qui n'en seroient eux-mêmes que plus
heureux, s'ils étoient plus rapprochés de la
nature ;

Que le royaume le plus privilégié de la terre,
par son sol, son ciel et ses habitans, n'a pas
besoin des terres qui sont au-delà des mers pour
nourrir des hommes, que la mort du despotisme fera suffisamment vivre. Qu'au surplus,
ces terres ultramaritimes peuvent bien être cultivées, même beaucoup mieux sans y semer
des cranes d'hommes, et que l'honneur, la
probité, dont le premier et le plus infaillible des
calculs, est de ne rien calculer que le précepte,
pourroient encore être un second calcul ;

Que Christophe Colomb n'a point créé l'Europe, et que les nations qu'elle renferme n'étoient
pas plus dans le néant civil, politique et pécuniaire, que tant de peuples anciens, qui ne
laissoient pas d'avoir quelque splendeur et d'être
dans quelque prospérité quoique sans nègres,
affreusemeut arrachés des bras de leurs pères
mères, femmes, frères, sœurs et amis, et condamnés à mourir de misère ou de désespoir
quand ce n'est pas dans les supplices ; le tout,
pour quelques plantes, dont le nom est à peine
connu du peuple.

Nous ne ferons point de livre encore pour prouver que si l'on attend, pour abolir le crime, qu'il ne profite à personne, il durera jusqu'à la consommation des siècles ; et qu'ainsi de deux choses l'une, ou il faut abolir aujourd'hui la traite, ou ne l'abolir jamais, puisque la même raison passera héréditairement de génération en génération, et qu'on fera des livres et l'on enverra des députations dans deux mille ans comme à présent ;

Que les colons, forcés dans leur premier retranchement de la nécessité politique, ne sont pas plus en sûreté dans celui où ils se retirent, en prétendant que nous sommes heureux, et que le tableau de nos malheurs fabuleux, ne produit que des amplifications de rhétorique, parce qu'il n'y a ni ne peut y avoir aucun bonheur à être marqué comme les bêtes et traité comme elles, ayant continuellement l'avarice et la passion pour juge et partie ; et prétendre donner l'intérêt pour caution des soins et des ménagemens, c'est prétendre qu'aucun homme n'a crevé son corps ou celui de ses chevaux, ou même qu'aucun roi n'a dévoré son royaume, et qu'il n'y a jamais eu ni libertin, ni étourdi, ni despote dans le monde. Car enfin, qui est-ce qui n'a pas intérêt et très-grand intérêt à se bien gouverner et à bien gouverner les autres ;

Que le bonheur et la fureur ne vont point ensemble, et que la marche des hommes heureux n'est pas de faire trembler sans cesse leurs bienfaiteurs, et qu'il n'est besoin d'autre refutation d'une pareille impertinence, que les aveux, les plaintes et les craintes des prétendus bienfaiteurs, qui ne cessent d'iuvoquer le pouvoir armé, pour contenir les heureux qu'ils font.

Que ce n'est point l'enfer qui a vomi, mais le ciel qui a inspiré une société sublime, connue sous la dénomination simple et touchante d'amis des noirs, et qui n'est pas moins au-dessus des plus pompeuses académies que l'art de rendre les hommes heureux par des bienfaits, ne surpasse celui de les charmer par de vains sons ou de les distraire par de vaines expériences. Ce n'est point cette société qui prêche la révolte et le carnage, bien loin de là ; mais ses accusateurs qui veulent y forcer la nature en s'opposant au seul et unique moyen de les prévenir : moyen dont la prédication salutaire fait toute la mission des amis des noirs. En sorte que ce sont précisément eux qui prêchent l'union et la concorde, comme leurs accusateurs prêchent le feu et le sang, en prêchant tout ce qu'il faut pour rendre les dernières explosions de la fureur inévitables, outre le signal qu'ils donnent eux-mêmes aux esclaves par leur exemple à l'égard d'un esclavage si différent. Ce qui fait sortir leur arrêt d'eux-mêmes, et les met dans un état continuel de suicide, tant il est vrai que le crime aveugle. Et dans quel siècle et dans quel peuple vit on jamais exemple d'une cécité si frappante, et qui passe toute foi humaine.

Enfin nous ne ferons point de livre pour prouver qu'une députation faite à la fin du siècle dixhuitième, et à une Asssemblée nationale de France, pour lui demander de reconnoître et de promulguer les droits de l'in térêt et de la force réunis, et l'autorisation du métier public d'assassins sous cette sanction, comme s'il dépendoit d'elle de donner une telle sanction, et qu'il fut plus en son pouvoir de légitimer la traite, c'est-à-dire, de détruire l'essence de la nature humaine, que dabolir celle des cercles et des triangles ; nous ne fersons point disons-nous, de livre pour prouver qu'une telle députation, dans un tel siècle, à une telle Assemblée et pour un tel objet, c'est-à-dire autrement, pour lui dire en face que la justice, l'humanité, l'honneur, la probité ne sont que des mots, est une insulte, un outrage manifeste à ce siècle et à cette Assemblée, et le scandale le plus révoltant qui ait jamais été donné au monde; enfin le non plus ultra de l'impudeur produite par le dernier aveuglement du crime, et la paralysie totale de l'ame.

Et comment cette paralysie de l'intelligence et du sentiment peut-elle aller assez loin dans des commettans et des mandataires qui ont prêté le serment civique, et affiché même avec tant d'éclat le zèle et l'enthousiasme de la révolution, pour ne pas voir, ne pas sentir, que leurs scadaleuses démarches ne renferment pas seulement une contradiction, mais un parjure, une absurdité, mais un crime; puisqu'ils ont juré d'une part la défense d'une constitution uniquement fondée sur les droits de l'homme, et que de l'autre il travaillent avec tant d'ardeur à la subversion totale de ces mêmes droits.

Non, nous ne ferons point de livre pour prouver toutes ces choses, parce que le premier et le plus irrefutable de tous les livres, est dans l'évidence ou dans les vifs rayons de cette lumière naturelle qui éclaire tout homme venant au monde.

Nous n'avons qu'une seule chose à vous dire, et une seule idée à prendre, un seul sentiment à exprimer dans cette foule d'idées, dans ce torrent de mouvemens qui entraînent l'esprit et le cœur à mesure qu'on qu'on s'arrete sur cette étonnante cause. Tout notre livre, le voici;

Messieurs, nous sommes des hommes, et tous notre crime est d'être né, et qu'il soit né en même tems qne nous d'autres, hommes, qui n'adorent, qui n'écoutent qu'un intérêt matériel, qui rendent un culte sacrilège au Dieu de l'or et sont capables de lui sacrifier des victimes humaines. Oui, nous sommes hommes, des hommes comme vous; et comme vous êtes les égaux des Rois, nous sommes les vôtres, puisque nous apportons tous, en venant au monde, les deux mêmes propriétés foncières, les seuls biens qui soient réellement à nous; un corps sensible et une ame immortelle ! Et s'il y a du plus ou du moins dans l'intelligence, il n'y en a pas dans l'immortalité. Ainsi nous voilà aussi riches, aussi grand en naissant que les Rois et vous; c'est tout ce que les Rois apportent, les autres hommes leur donnent le reste. Cette égalité métaphysique avec tous les droits sacrés qui en dérivent, est la grande, la sublime vérité que vous avez solemnellement consacrée, et dont il ne nous reste plus qu'à prendre solemnellement acte pour en faire sortir le plus terrible, le plus insurmontable des dilemmes, contre les tyrans qui refuseroient de la reconnoître en notre faveur. Nous vous disons donc,

et nous disons à toute la terre : où l'on peut
dégrader, enchaîner, flageller, faire périr des
Africains, sans autre raison que l'intérêt personel,
ou on ne le peut pas ; si on ne le peut pas, donc il
ne reste à des Législateurs, et sur-tout à des Législateurs qui ont commencé par prendre des engage-
mens avec le ciel qu'à prononcer une proscription
éclatante et le plus frappant de tous les anathènes
contre le plus exécrable de tous les forfaits.
Et si on le peut, donc il ne tiendra qu'à l'intérêt et à la force de faire légitimement subir
et à votre Nation ainsi qu'aux Rois et à vous,
le même sort qu'on nous fait subir ; et il ne
s'agit pas de savoir si dans l'état présent, des
circonstances politiques et de la raison générale,
pareille chance est à craindre pour vous et
votre nation ; mais ce que vous auriez à dire
et ce que vous pourriez faire dans telle con-
joncture, que nous ne puissions dire et faire
dans la notre ; puisqu'il est vrai que ce sont
des choses égales ajoutées ou retranchées à des
choses égales, et dont, parconséquent, tous
les restes doivent être égaux. Toutes les puissances de l'esprit humain ne s'auroenit dégager
nos tyrans de la force d'un tel raisonnement. Ils
appellent sur eux tous les barbares, leurs semblables, qui ue connoissant d'autre logique,
d'autre calcul que celui de la force et de l'in-

térêt ; diroient aussi que la justice, l'humanité, la probite sont des mots, et leurs fermeroient la bouche en leur citant leur exemple ; en deux mots, voici toute la logique de cette cause : nous sommes hommes, vous ne pouvez le nier, et tous les hommes sont égaux en droits, vous le dites et le promulgués ; donc on ne peut nous marquer au sceau des bêtes, ou l'on peut y marquer le François et l'Anglois ; et vous et les rois. Que les faiseurs de livres négriers répondent ou plutôt qu'ils se taisent et se cachent.

Messieurs, nous ne sommes point guidés par un aveugle fureur, et si nous participons d'un côté au sentiment général du siècle et au sentiment particulier qu'y ajoute l'époque mémorable d'une Assemblée nationale, comise pour flétrir et enchaîner le despotisme, et faire des conquêtes à la raison, à la nature ; nous participons aussi, par la même influence, à la raison générale de ce siècle augmentée de l'affluence des rayons que répand une Assemblée qui réunit tant de lumière ; ainsi donc en même tems que le sentiment de nos droits en devient plus pressant, plus impérieux, il en devient aussi plus subordonné à la mache de la raison, et plus susceptible des tempérammens et de la gradation qu'elle indique.

Nous ne prétendons point voler à l'instant

à toute la hauteur de la liberté ! Nos ames n'y sont pas préparées. Nous en commettrions plutôt tous les excès que nous n'en connoitrions tout le prix. Ainsi la justice ne pouvant avoir des intérêts contraires à ceux de l'humanité qui lui est identique ; lorsqu'il est évident qu'une trop brusque restitution de nos droits ne pourroit tourner qu'à notre malheur, comme à celui des autres, ce qui fait que cette restitution subite seroit contre nos droits mêmes ; nous abandonnerons entièrement à votre sagesse le calcul de cette marché graduée et de cette suite de moyens qui amèneront innocemment le retour de nos droits dans leur plénitude.

Cette manière de traiter une maladie morale si profonde, ne sera qu'une imitation de celle dont l'art procède à la guerison des maux physiques dans les dégrés extrémes. Car on sait qu'il ne faut point exposer brusquement des membres gêlés à un feu trop ardent, et qu'on doit de même procurer une lumière douce et graduée à la tendre rétine qui en a été trop long-tems privée. Enfin c'est ainsi qu'il faut soigneusement préserver les malheureux dont une longue faim a trop débilité les organes, de se livrer à la première impétuosité d'un besoin qui pourroit les trahir et causer leur perte. Non, le délai de la liberté ne sera point l'in-

injustice quand tout montre qu'il sera humanité.
Nous ne refuserons pas même de tenir à bienfait ce ménagement, quand nous le verrons
accompagné de traits qui en expliqueront les
motifs ; et quand il sera si facile de les faire com-
prendre à notre raison grossière, comment pourra-
t-on se méfier des mouvemens de notre cœur, et
qui ne connoît tout ce que peuvent sur lui
les bons traitemens ? Qui ne connoît notre attachement et toute la générosité de notre zèle pour
les bons maîtres ? Mais la traite, mais les
chaines, mais les fouets, mais les peines arbi-
traires, enfin la condition avec la marque des
bêtes, pour ceux que vous mêmes avez déclaré les égaux des rois, et qui ont reçu le même
sceau qu'eux de la divinité ; et cela quand
nous voyons de toute part flotter les étendarts,
et chanter les hymnes de la liberté, faire l'apo-
théose des vainqueurs du despotisme, vous
nous entendez............ et nous n'ajoutons
que ces mots : vous allez prononcer. Dieu
vous a entendus. Dieu vous voit, et l'Univers vous juge

— 5 —

IL EST ENCORE

DES

ARISTOCRATES,

OU

RÉPONSE à l'infame Auteur d'un Ecrit intitulé : Découverte d'une Conspiration contre les intérêts de la France.

IL EST ENCORE

DES

ARISTOCRATES,

OU

RÉPONSE à *l'infame Auteur d'un Ecrit intitulé* : Découverte d'une Conspiration contre les intérêts de la France.

VIL suppôt de la plus horrible ariftocratie, qui prend le mafque du patriotifme pour flétrir les amis de l'humanité. Monftre qui ofe foutenir le meurtre, le brigandage & l'affaffinat, & qu'il eft utile & bon d'immoler des millions d'Africains, pour affouvir l'avarice de quelques Colons & de quelques Armateurs ; digne Avocat des antropophages Négriers, ces exécrables pirates , qui vont en Afrique exciter des guerres cruelles , & en enlever les habitans. Miférable , réponds ? où as-tu été puiſer les abominables calomnies que tu vomis , contre des hommes dont tu n'es pas même digne d'oſer prononcer le nom ?

C'eſt à des cœurs François que je m'adreſſe ; (dis-tu) *ô mes Concitoyens , ouvrez les yeux & frémiſſez ; une ſecte* (les amis des Noirs) *que l'Angleterre a machinée pour la deſtruction de la France*..... Crois-tu donc en impoſer ! & qui ne ſait que les Colons Anglois , dont le Gouvernement va défendre inceſſamment le commerce des Eſclaves , en diſent autant de nous , & aſſurent à Londres , que ce ſont les François qui engagent les Parlemens à l'abolition de la traite.

Toutes les ſectes du monde , (ajoute cet inſenſé) *ont un myſtere qu'elles ont grand ſoin de voiler par le principe de la morale la plus pure & la plus ſéduiſante.*

Le myſtere de la ſecte dont je parle , eſt le même que celui de la ſecte des Illuminés , des Martiniſtes & des Caglioſtro.

Il emporte avec lui la deſtruction de toutes les Religions , de tous les Empires , de toutes les formes du Gouvernement.

Cette ſecte s'eſt établie à Paris ſous le titre

modeste & spécieux de société des amis des Noirs.

Les plans de cette horrible Société, sont vastes & profonds, & sous le voile de l'humanité, de la liberté, elle prétend mettre l'Univers en combustion.

Elle doit travailler en révolution, (ce sont ses expressions) *toutes les parties du globe, excepté l'Angleterre.*

Dis, lâche valet des bourreaux de l'Afrique, étois-tu en délire, lorsque tu as écrit ces lignes : une Société qui n'a gueres que 800 liv. à sa caisse, qui ne s'assemble que tous les mois, qui n'a vu qu'une quinzaine de Membres à sa derniere Seance, quoiqu'elle en ait près de 200, une pareille Société est-elle bien redoutable ? peut-elle *travailler toute la terre en révolution, & causer des révoltes dans les Colonies?* Une Société qui compte parmi ses Membres, Sa Majesté le Roi de Pologne, les Marquis de la Fayette, les Prince de Beauvau, les Ducs de Charost, de la Rochefoucault, d'Havré, les Syeyes, & les plus honnêtes gens de Paris ; est-elle composée de conspirateurs, d'assassins, de scélérats, comme tu l'ose dire ensuite ; j'en prends à témoin les hommes respectables que je viens de nommer, si jamais parmi les amis des Noirs,

on a traité d'autre sujet que la traite &
l'esclavage, je te reconnoîtrai pour un
homme d'honneur. Dis, infame calomniateur, pourquoi dans la liste que tu as
donnée, as-tu omis toutes ces personnes
& d'autres non moins considérées, & pourquoi y as-tu substitué une foule de noms
honorables, peut-être, mais que la Société
n'a jamais connus, entr'autres ceux de
MM. de Mirabeau, de Robespierre, &c.
&c.; & pourquoi n'as-tu pas dit que l'on
y comptoit plusieurs riches Colons, qui
certainement ne voudroient pas se ruiner
en faisant révolter les Négres ?

Braves Citoyens, vertueux Patriotes, à
qui ce traître en imposoit, votre tâche
n'est pas finie, il est encore des Aristocrates,
il est une aristocratie mille fois plus odieuse
que celle des Nobles, celle des riches
Colons blancs, envers leurs freres, envers
leurs esclaves, & envers les gens de couleur libres, qui sont aussi nombreux que
les Blancs dans les Colonies, & qu'ils
traitent comme des brutes, qu'ils n'ad-
mettent à aucune charge, à aucun emploi,
quoiqu'ils soient plus braves, plus intelligens, & plus utiles à la Patrie (1).

___

(1) On sait que dans la derniere guerre, la Milice

Citoyens, c'eſt en vain que ces Colons veulent vous perſuader qu'ils traitent bien leurs eſclaves, par intérêt. Les ſexes ſont en nombre égal à Saint - Domingue, & cependant il leur faut tous les ans 25 mille Négres nouveaux, & tous les ans la population diminue d'un ſeizieme, quoiqu'elle augmente parmi les Négres libres, & dans pluſieurs habitations, où il y a autant d'épidémie & de libertinage, que dans les autres : donc on pourroit ſe paſſer de la traite, ſans ruiner les Colonies, & c'eſt en pure perte qu'à Saint-Domingue, ſeulement, on aſſaſſine tous les ans 25 mille hommes. Sans doute il faut que les eſclaves ſoient bien malheureux, pour qu'il périſſe proportionnellement plus d'hommes dans les Colonies, que dans des hôpitaux où il entre beaucoup d'incurables (1); ſans doute, ſi l'on n'adoucit pas leur ſort, des hommes ſi indignement outragés, &

Blanche des Colonies a reculé à Savanak, où les gens de couleur ſe ſont très-bien montrés; non-ſeulement ces gens de couleur, mais même les neuf dixiemes des blancs n'ont pas été réduits aux aſſemblées d'élection, parce qu'il falloit pour cela poſſéder 25 Négres; quelle ariſtocratie ! & on dit que leur députation eſt légale !

(1) Voyez ce calcul très-bien fait, dans l'ouvrage de M. Froſſart, en faveur des Africains.

qui font dix fois plus nombreux que leurs oppreſſeurs , entendant de tous côtés le cri de la liberté , ſe révolteront avant peu , & nous enleverons les Colonies. Quelle perte, Citoyens ! & ſavez-vous quel eſt le but des amis des Noirs ? *c’eſt de vous conſerver ces Colonies* , qu’on dit qu’ils veulent détruire , & en même-tems d’épargner tous les ans le ſang de plus de 150 mille hommes Africains & Européens. Ils ont déclaré mille fois qu’ils regarderoient *comme des ennemis du bien public , tous ceux qui tenteroient de faire révolter les Noirs.* Ils demandent ſeulement, que l’on aboliſſe la traite , ce commerce infame , qu’il eſt honteux pour nous , que la France n’ait pas encore proſcrit, & que l’on ne peut laiſſer ſubſiſter un inſtant, ſans autoriſer publiquement le brigandage & l’aſſaſſinat , & ſans approuver les forbans d’Alger & de Maroc, mille fois moins coupables que les Armateurs négriers.

Ils diſent qu’il eſt très-faux que l’abolition de la traite fît mourir de faim *cinq millions de François,* puiſqu’ils ſubſiſtent pendant la guerre , où la traite n’a pas lieu, & que d’ailleurs on enverroit autant de vaiſſeaux en Afrique, qui en exporteroient au lieu d’hommes , de l’ivoire , des bois de teinture, mille autres denrées, & bientôt du fucre, du café & des épices, que ces climats peuvent produire en abondance.

Ils demandent que pour encourager les Colons à l'humanité, on diftribue tous les ans à ceux dont l'attelier fera le plus augmenté par les naiffances, les 2 millions 500 mille livres deftinés fous le nom de prime, à encourager le brigandage, & pour être le prix de la plus grande fcélérateffe, accordés aux Armateurs, qui, à force de forfaits, ont le plutôt completté la cargaifon de leurs Navires (1).

Ils demandent, non que l'on affranchiffe les Négres, ce qui eft impoffible à préfent, mais que l'on donne aux efclaves laborieux la facilité de pouvoir fe racheter comme en Efpagne, où ils peuvent difpofer de deux jours de la femaine, & avec ce qu'ils gagnent dans ces deux jours, en acheter un troifieme, un quatrieme, & ainfi fe rédimer peu-à-peu, fans faire tort à leurs maîtres.

---

(1) Cette idée eft de M. Raymond, homme d'efprit, & Député des *Colons Américains*, ou *gens de couleur libres*, qui poffède plus de 100 efclaves, quoique les Colons Françoi affirment qu'il eft efclave lui-même.

Enfin , les amis des Noirs difent & prouvent, que les Négres fe révolteront certainement, fi l'on n'améliore pas leur condition , & que puifque toutes les loix que l'on a faites pour cela ont toujours été fans vigueur , & que les Colons affu-rent eux - mêmes qu'il eft néceffaire, pour leur fûreté , qu'ils aient une puiffance illi-mitée fur leurs Négres, il n'y a d'autre moyen , pour que les Négres foient plus heureux ; (*& par conféquent pour empêcher une révolte*) que l'abolition de la traite , parce qu'il eft évident que les Colons fe-ront forcés de ménager leurs efclaves, quand ils ne pourront plus les renouveller.

Citoyens , tels font les forfaits des amis des Noirs , mais avant que leurs ennemis les Colons & les Armateurs , fuffent ré-duits à ne dire que des injures , voyons ce qu'ils alléguoient pour leurs défenfes.

Il y avoit , difoient - ils , autant de guerres , autant d'efclaves en Afrique , avant qu'ils y abordaffent. Quelle horrible fauffeté ! Lorfque les Peuples d'Europe font en guerre , & qu'il n'y a pas de traite , tous les Africains font en paix , ce fait eft prouvé. Et dans la guerre qu'ils excitent entre les Princes de Guinée , afin qu'ils aient des prifonniers à échanger

contre leurs marchandiſes , pour ſe procurer des centaines d'eſclaves , ils font
périr des milliers de ces malheureux ;
ainſi , en portant toutes les années 26 mille
Noirs à Saint-Domingue , ils cauſent le
trépas de plus de 150 mille ; ils en mettent
au déſeſpoir un bien plus grand nombre
encore.

Quelle inconſéquence à ces hommes ,
de prétendre à intéreſſer !... Les Colons ,
qui , preſque tous , habitent en France ,
ne ſont pas moins inconſéquens ; un grand
nombre en ſoutenant la néceſſité de la
traite , conviennent que leurs gérans ſont
ſouvent cruels envers les Négres , & que ,
s'ils étoient eux-mêmes ſur leurs habitations ,
ils n'auroient pas beſoin d'en acheter ;
ainſi , pour procurer à ces Meſſieurs , le
plaiſir d'avoir l'opéra , il faut aſſaſſiner tous
les ans , 25 mille hommes à Saint-Domingue , 150 mille en Afrique , ruiner notre
Marine , & faire périr des milliers de matelots , car de tout tems ce commerce
en a conſommé quatre fois plus que les
autres.

Colons, Armateurs, vous tous , inté-
reſſés à ce carnage , & qui oſez l'excuſer ,
ah ! croyez-moi , n'entrez plus en lice ,
n'écrivez plus , ne vous montrez plus au

grand jour ; vous favez combien votre caufe eft horrible, que l'opinion publique eft contre vous ; & que vous ne pourriez alléguer que des fauffetés, des calomnies, dont la honte, bientôt, retomberoit fur vous-mêmes ; contentez - vous d'intriguer dans le filence, & à force de menfonges & de baffeffes, de tromper, s'il fe peut, le Gouvernement, comme vous l'avez fait jufqu'ici ; ou fi vous ofez encore faire entendre votre voix, tremblez que les amis de l'humanité ne foient enfin obligés, pour leur propre fûreté, de faire connoître tous vos crimes, & d'en indiquer les auteurs.

O mes Concitoyens, vous frémiriez fi je vous apprenois la centieme partie de ces forfaits, fi je vous difois qne l'on a vu, que l'on voit tous les jours des Capitaines de Navire, lorfqu'ils craignent de manquer de vivres, ou qu'ils ont des efclaves de peu de défaite, en faire périr un grand nombre dans les flots ou par le poifon. Si je vous difois que l'on a vu, que l'on voit tous les jours, des Colons brûler, empaller, mutiler, enterrer vivans des Négres, & n'être pas moins confidérés ; tous leurs Compatriotes les connoiffent, ils fa ent de qui je veux parler, qu'il ne tient qu'à moi de les nommer, & ce font des gens qui s'engraiffent de fang humain , qui ne vivent que de meurtre & de brigandage , qui veulent être defpote chez eux , y exercer la plus infernale ariftocratie ; ce font ces hommes qui ofent parler de Patrie , de liberté , d'humanité , & s'il fe forme une Société d'hommes honnêtes & modérés , qui , fans les nommer , fans les compromettre , fans nuire même à leurs intérêts , entreprennent de mettre un frein à leurs cruautés , ils invoquent contr'eux le ciel & la terre , ils s'efforcent de noircir leur réputation par les plus abfurdes calomnies ; ils menacent de tuer le Préfident de cette Société ; ils menacent fans ceffe , & dans tous les lieux publics , de tuer tous ceux qui feront à l'Affemblée Nationale une motion tendante à adoucir le fort de leurs efclaves ; encore tout couverts du fang de ces infortunés , ils dénoncent au Public , comme des affaffins , des fcélérats , des confpirateurs , ces hommes de paix , qui n'ont pour but que l'intérêt de la Patrie , & de l'humanité.

Peuple François , fouffrirez-vous plus long-tems l'incroyable impudence de ces forcenés , qui s'efforcent de vous tromper , & de vous armer contre vos plus zélés Défenfeurs ; ah ! fans doute , ils ne recueil-

leront que le mépris dû à leurs trames
exécrables. Gardez-vous cependant de confondre avec eux tous les Colons, la plupart de ceux que vous voyez ne connoiffent pas les Colonies, ils ne foutiennent
les autres que par une forte de décence, &
s'ils favoient les atrocités qui s'y commettent, plufieurs penferoient comme les
amis des Noirs. Peuple François, conten-
tez-vous de les plaindre ; & vous dignes
Légiflateurs de la France, après vous être
illuftrés par tant de Décrets patriotiques,
fouffrirez-vous plus long-tems, le brigandage horrible de la traite ? Oui, fi vous
prononcez anathêmes contre cet infame
commerce, & fi par-là, vous fauvez tous
les ans la vie de 150 mille de vos femblables, les amis des Noirs fe confoleront
aifément de toutes les injures, de toutes
les calomnies que la haine & la cupidité vomiffent fans ceffe contr'eux. Ils ne
vous engageront pas à châtier ces in-
fenfés, qui s'emportent jufqu'à les menacer, jufqu'à vous menacer vous mêmes ;
fi leur délire n'étoit pas dangereux, ils
fe contenteroient, comme ils l'ont fait,
de les regarder en pitié (1) ; mais fi ce

---

(1) La Société des amis des Noirs ayant délibéré dans

délire augmente , s'il ſe change en fréné-
ſie , ils vous ſupplieront , non de les faire
punir , mais d'ordonner qu'on les enchaîne ,
& de les faire traiter juſqu'à ce que la
raiſon leur revienne.

ſa derniere aſſemblée , ſur l'Ecrit dont il eſt parlé , a arrêté
qu'il ne méritoit pas de réponſe.

PROPOSITIONS

SOUMISES A L'EXAMEN

DU COMITÉ DE MARINE

DE L'ASSEMBLÉE NATIONALE.

Par le Chevalier DE LABORIE, *Lieutenant-Colonel d'Infanterie.*

———

A PARIS,

De l'Imprimerie de L. M. CELLOT, rue des Grands-Augustins.

1790.

EXTRAIT

D'un Mémoire où l'on propose de montrer, par des essais qui ne doivent rien coûter, 1°. que nous doublerons le produit de nos colonies, en donnant la liberté aux negres ; 2°. l'utilité et la possibilité de faire cultiver des sucreries par des blancs ou Européens.

———————

C'EST en 1779 que j'ai présenté pour la premiere fois ces divers projets au département de la marine , en les renouvellant depuis à chaque nomination d'un nouveau ministre ; mais tous mes efforts ont été vains, et jamais je n'ai pu parvenir à éveiller leur attention. Cependant je dois prévenir qu'on auroit tort de tirer, de cette indifférence, un préjugé défavorable aux objets qu'ils renferment ; car nous avons trop appris que, comme tout homme de bien est un solitaire à ce département ; par la même raison toute proposition qui n'offre qu'un but d'utilité leur est absolument étrangere ; ce n'est pas de tout cela qu'il leur faut parler pour y être écouté. Je les renouvelle donc aujourd'hui, où la probité, la raison, l'humanité reprennent hautement leur empire. Je les ai réduites autant qu'il m'a été possible, par la raison que la maniere dont je les présente dispense de toute discussion ; et en effet, on va voir qu'au lieu de vouloir ébranler par des raisons, j'offre de convaincre par des faits. Cette maniere d'argumenter m'a paru la plus sûre. . . . Au surplus, j'ai encore un grand nombre de propositions pareilles relatives à ce département, que je donnerai successivement, si cette tentative a quelque succès ; sinon je laisserai faire aux plus habiles que moi.

Je dois prévenir que, dans tout ceci, je n'entends en rien parler du corps militaire de la marine, dont il n'y a que du bien à dire, et à qui on ne peut reprocher que d'avoir été constitué par des sots instituteurs.

Liberté des Negres.

En général l'esclavage tient les négres dans un état d'apathie et de découragement si déplorable, qu'il est prouvé que le travail de deux esclaves équivaut à peine à ce que fait un homme libre.

Si donc vous rendez la liberté aux negres, vous réveillerez leur activité ; si vous en refaites des hommes, ils en reprendront les facultés ; et par une conséquence naturelle et même irrécusable, vous en obtiendrez le double de travail, et par conséquent le double des productions accoutumées.

Rien de plausible à opposer à cela, absolument rien, dès qu'il est prouvé que le travail de deux esclaves équivaut à peine à ce que fait un homme libre.

Il est donc très-important de cesser de faire gémir ces malheureux sous un joug nuisible et abhorré, et de tarir ainsi maladroitement une source immense de richesses par des loix de cruauté. Comment est-il possible que, dans un siecle aussi éclairé, l'on n'ait depuis long-temps brisé ce révoltant tableau, où, dans un sacrifice à la barbarie, nous immolons de très-grands intérêts ? Et comment n'a-t-on pas senti que l'esclavage armera en vain la cruauté d'un fouet terrible et de mille barbares instrumens, sans jamais obtenir de ces infortunés que des soins et des travaux imparfaits ; que c'est à la liberté seule, en leur offrant une agréable et riante perspective, de les animer d'un vrai zele, et d'en obtenir en abondance et sans effort les doux et précieux fruits de l'encouragement ?

Sans doute qu'il ne faut pas un grand effort pour juger qu'en substituant à une méthode aussi barbare que peu raisonnée, les bienfaisantes dispositions qui, ramenant la loi à la sagesse, rappelleroient les negres à l'humanité, on obtiendroit facilement de la liberté et de l'émulation le double de ce qu'on est forcé d'arracher à l'esclavage par la violence et par des châtimens inouis. Non sans doute ; et la seule raison suffit pour montrer l'évidence de cette vérité. Mais je dois ajouter de plus, en faveur de cette nouvelle disposition, qu'à la garantie de cette grave autorité, se joint encore celle plus grave, plus convictive de l'expérience ; cette autorité enfin contre laquelle on n'a jamais réclamé ; et que c'est d'après ce dernier et irrécusable témoignage que j'affirme que l'acte de liberté fera plus que doubler le produit de nos colonies.

De cette nouvelle et avantageuse disposition, on voit donc ensuite naturellement émaner les conditions qui régleront les droits du maître et de l'esclave, et les nouveaux rapports d'intérêts qu'ils auront entr'eux. Il semble en effet qu'on ne sauroit, sans une grande injustice, refuser au negre le produit de la liberté et de l'émulation, qui seroit uniquement dû à un surabondant de travail, sur-tout si cette faveur accordée au negre ne lese en aucune maniere les intérêts du maître, qui bien certainement dans ce nouvel état de choses ne cessera de tirer annuellement le même revenu de son habitation, et dont même quelques variations tourneront à son profit ; comme de le soustraire aux frais de nourriture, d'habillement, de remplacement, etc. et d'un autre côté, c'en sera assez pour tirer le negre de l'assoupissement où le tenoit l'esclavage, que de le mettre à même de faire de sa vigilance l'instrument de son bien-être.

Il suit donc delà que les conditions que la justice et la raison semblent déterminer à l'égard de la liberté des negres, sont à-peu-près celles-ci : 1°. qu'après avoir cédé à chaque esclave autant de terre qu'il pourroit en cultiver, d'exiger de lui une redevance en productions, équivalente à ce qu'un esclave rend annuellement par son travail ; 2°. ou de partager avec le maître de la manufac-

A 4

ture le prix qui proviendroit de la vente de ses denrées, etc. On chercheroit enfin sous la direction de l'expérience, la condition la plus raisonnable et la plus juste, et qui fût telle enfin que, sans léser les intérêts du colon, elle pût suffire cependant à exciter le negre au travail.

Mais puisque ce nouveau régime ne doit en rien léser les intérêts du maître, puisqu'il doit toujours retirer le même produit de son bien, il sera juste par conséquent de lui imposer les mêmes obligations auxquelles il étoit assujetti avant l'acte de liberté. Il restera donc également chargé des soins, de l'entretien, des détails, etc. de la manufacture; de l'achat et de la nourriture des animaux necessaires aux divers transports; et enfin de tous les frais en général.

On voit donc que dans ce nouvel état de choses, chaque établissement ou manufacture deviendra une sorte de moulin bannal où les negres dépendans feront préparer leurs productions aux conditions convenues et fixées. Il est bon d'observer cependant qu'il y aura dans ces conditions quelques variations à déterminer selon le genre des denrées, par la raison que les établissemens et les préparations de quelques-unes coûtent moins cher.

Au surplus, ce seroit à coup sûr **une très-grande faute** de donner la liberté à tous les negres à la fois ; sans doute que les avantages de ce nouvel état ne seroient pas assez puissans sur tous pour vaincre également leur penchant à la paresse et à l'inaction, et certainement plusieurs préféreroient le repos aux jouissances que leur assureroit une vie plus laborieuse et plus active. Je pense donc, d'après cette observation, qu'il seroit nécessaire, pour tâcher de les animer au travail, de commencer par les rendre témoins des douceurs de ce nouvel état, en leur montrant les avantages qu'en retireroient ceux des meilleurs sujets qu'on affranchiroit d'abord.

Il faudroit aussi que la liberté fût graduelle et conditionnelle, afin qu'incessamment on en pût mesurer le progrès sur l'effet des moyens d'émulation, et afin qu'on restât maître d'offrir sans cesse de nouveaux avantages à un travail plus assidu. On tâcheroit donc de les amener progressivement aux dispositions convenables et à la sorte de maturité qui leur seroit propre, en les faisant participer d'abord au produit de leur travail ; de sorte que les bénéfices qui proviendroient de ce produit, et qui seroient employés à des objets d'aisance et de superfluité, leur fissent successivement naître de nouveaux besoins par des jouissances inaccoutumées. Il n'est pas douteux qu'on pourroit faire croître à volonté ces nouveaux besoins par des avantages plus marqués, et invariablement mesurés sur l'effet des moyens d'émulation. Le principe général seroit donc de ne les tirer de la dépendance des hommes, qu'en les faisant rentrer par mesures égales sous celle des nouveaux besoins ; c'est-à-dire, qu'on ne relâcheroit les liens de l'esclavage qu'à mesure qu'ils seroient tenus par des liens plus forts, plus à leur gré, et plus convenables à nos intérêts.

Je pense donc qu'il seroit nécessaire de donner aux colons au moins huit ans pour affranchir tous leurs negres, afin d'éviter le bouleversement que causeroit infailliblement trop de précipitation.

On ne doit pas consulter les créoles sur l'acte de liberté ; ils ont tous de fausses idées sur les dispositions et les facultés des negres ; pas un n'a voulu mesurer le peu d'étendue de leurs idées sur le peu de moyens et d'occasions de les développer; pas un n'a voulu sentir que leurs vices, leur apathie, leur stupidité proviennent uniquement de l'esclavage, qui fiétrit l'ame et énerve toutes les facultés de l'esprit. En effet, comment veut-on que ces malheureux aient des notions des objets déterminés par des rapports, si jamais ils n'ont eu besoin de comparer, raisonner, juger ; si, dans leur vie automate et routiniere, ils sont sans cesse occupés des mêmes soins et des mêmes travaux ; et si une aveugle obéissance et des châtimens barbares leur tiennent toujours lieu de raison? Comment veut-on que de vils esclaves ne contractent pas les vices de leurs maîtres ? Comment ose-t-on encore leur faire un crime de manquer des vertus dont ils n'eurent jamais l'exemple? Et pourquoi enfin leur reprocher si orgueilleusement une infériorité qu'on ne prouva jamais que par une moindre dépravation? Enfin, c'est toujours vaguement que les créoles répetent que les negres sont moins bien organisés et moins intelligens que les blancs ; c'est l'effet des préjugés de l'ignorance. A la moindre objection on les arrête, et jamais je n'en ai entendu aucun appuyer ses assertions d'une bonne raison : on ne doit donc pas les consulter.

Quelques personnes, en applaudissant au projet de donner la liberté aux negres, m'ont observé que parmi les motifs politiques qui sembloient s'opposer à son exécution, se trouvoit particuliérement l'éloignement que montroient les créoles pour une disposition qu'ils pensoient contrarier leurs intérêts ; que je devois sentir combien il étoit important d'user de ménagement avec eux, en raison de la facilité et des avantages qu'ils trouveroient à se donner à une autre puissance

Je réponds à cela que même en supposant ces perfides intentions aux créoles, nous n'en avons rien à craindre de pareil ; qu'il suffit pour les contenir de leur montrer combien il est facile de réaliser à leur préjudice le projet offert pour leur avantage. En effet, ne comprendront - ils pas qu'au moment où une colonie se rendroit coupable de défection , il ne tiendroit qu'à notre gouvernement de l'en punir à l'instant, en y envoyant deux ou trois mille hommes de débarquement munis d'un nombre de fusils suffisant pour armer cent mille negres, qui, sous la direction des blancs, combattroient pour la liberté de tous. On auroit soin, en conséquence, en débarquant de promulguer l'acte de liberté générale. Il est évident que rien ne pourroit arrêter l'effet d'une pareille entreprise ; que cette expédition auroit le succès le plus complet ; et qu'au résultat il ne tiendroit qu'à nous, après nous être emparés des possessions des colons au nom du roi , de les envoyer, dépouillés de tout , à la puissance à qui ils auroient voulu criminellement livrer leur colonie.

Au reste, les colons ont en général une noblesse de sentimens qui doit les mettre à l'abri de pareils soupçons.

Il y a une seconde erreur bien enracinée dans ce département , qui est la pensée qu'il faut une marine militaire ou royale pour avoir des colonies et un commerce. Je prétends moi, contre cette opinion, qu'il y a des moyens beaucoup plus efficaces que ceux de la force pour conserver des colonies et un grand commerce ; qu'il ne faut pas même une frégate pour cela.

Comme l'acte de liberté doit inévitablement être suivi de la cessation de la traite des negres, il deviendra alors indispensable de faire cultiver des sucreries et autres biens par des blancs. Sans cette précaution, les Anglois, qui ne cesseroient d'accroître la population de leurs colonies, tandis que les nôtres resteroient dans le même état, finiroient par avoir de très-grands avantages sur nous dans les marchés étrangers pour les productions des Antilles : alors notre bienfaisance tourneroit contre nous.

Indépendamment de ce motif, nous devrions encore préférer ces établissemens à ceux qu'on fait valoir par des esclaves, en raison des avantages multipliés qu'ils offrent, et sur-tout parce qu'ils seront infiniment moins coûteux. En général à nombre égal de cultivateurs blancs et de negres esclaves, les blancs donneront le double de productions, et cependant ces nouveaux établissemens coûteront la moitié moins ; en sorte qu'avec un million employé à former des établissemens cultivés par des blancs, on auroit autant de productions qu'avec quatre millions employés à des établissemens d'esclaves.

On ne doit pas objecter que les blancs ne peuvent sans risque travailler sous ce ciel brûlant ; cette erreur est enfin détruite, et n'a plus de crédit qu'auprès des gens sans expérience ou sans réflexion. Il est prouvé au contraire que le travail est un des plus sûrs moyens de conservation, et que les plus funestes maladies se portent plus particuliérement sur la classe oisive. L'expérience mille fois répétée ne laisse plus de doute sur cette question importante, et l'on est sûr enfin que le travail est salutaire aux Antilles. J'en ai fait l'expérience moi-même au moins vingt fois.

D'après le tableau avantageux qu'offre le projet de faire cultiver les biens des Antilles par des blancs, on doit juger combien il seroit essentiel pour la nation de faire l'établissement important de la Guyanne aux dépens du roi, d'y faire élever toutes les manufactures à ses frais, dont il retireroit ainsi une riche moitié, puisque les biens cultivés par des blancs, et ceux qui le seroient par des negres libres, doivent être sur le même plan, et que ces divers cultivateurs auront les mêmes rapports d'intérêts avec le maître de la manufacture, qui seront de lui abandonner la moitié de leurs productions, ou d'en partager le produit. Il est constant qu'en portant cet établissement au point où nos grands moyens en tous genres le permettent, nous pourrions alors fournir l'Europe entiere de tout ce qui nous vient des Antilles.

Il est certain aussi qu'il seroit possible de baisser un peu le prix des denrées provenant de ces nouveaux établissemens, puisqu'ils rendroient au moins trente pour cent des capitaux employés à leur édification, ce qui à coup sûr feroit tomber les établissemens cultivés par des esclaves, qui déjà ont peine à se soutenir au prix exorbitant où les negres se vendent actuellement.... D'où il suit que l'acte de liberté et les établissemens des blancs sont des armes sûres pour combattre victorieusement l'activité angloise, dont nous ne pouvons plus soutenir la concurrence pour les établissemens cultivés par des esclaves.

Ces deux projets sont terminés par la proposition de faire l'essai de donner la liberté aux negres, et en même temps l'essai de la culture

ture d'un bien par des blancs sur une habitation de Sainte-Lucie, voisine du morne-
Fortuné où logent les troupes , et cela sans
qu'il en coûte rien au gouvernement.... Il
suffit pour faire ces essais d'obtenir du roi
la permission d'affranchir sur cette habitation autant de negres que je le croirai nécessaire , et d'exempter de service soixante
soldats, à qui je ferai cultiver des cannes à
sucre qu'ils feront rouler ou manipuler sur
cette habitation, dont le moulin fournira
facilement à cet excédent.

Je dois observer qu'il est de nécessité absolue de faire ces deux essais avant la proclamation de liberté , et avant d'entrepren-
dre en grand la culture des biens par des
blancs, afin que sur la mesure des avantages qu'ils offriront , on puisse exactement
déterminer ce qu'on pourra faire à l'égard
de ces deux objets importans.

Je me charge de diriger ces deux essais ,
et j'en garantis d'avance le succès le plus
complet ; j'espere que cette assertion, jointe
à ce qu'ils ne doivent rien coûter, détermi-
nera l'assemblée nationale à demander au
roi qu'ils soient faits incessamment. Au reste,
la seule condition que j'y mets pour moi,

est de n'en retirer aucun avantage , voulant écarter d'une bonne action l'humiliation de la faire par intérêt.

Proposition de confier l'administration des colonies aux créoles.

On ne cesse de répéter que nos colonies sont à charge à l'état , et qu'il seroit avantageux de les abandonner. Je conviens que cette observation est parfaitement juste , et je serois de ce même avis , si nous éti ns forcés en les conservant de conserver tous les abus qui se sont glissés dans leur administration. Il est certain du moins que le nom d'administrateur des colonies est devenu synonyme à celui de voleur public. Mais si en nous débarrassant de toute cette engeance rapace qui est en déshonneur à la nation , et qui ruine l'état , il est possible de tirer un grand profit de nos colonies ; alors il faudra les conserver sans doute. Voici quelques-unes des friponneries dont j'ai été témoin à Saint-Domingue, et qui feront pressentir la raison pourquoi nos colonies nous deviennent à charge.

Etant en garnison au Cap , je fus détaché au Port-Paix avec cent hommes. Peu de jours après mon débarquement, on y ordonna des réparations aux bâtimens où ma troupe logeoit, qui étoient dans le meilleur état. J'en fis l'observation aux personnes chargées de veiller les intérêts du roi ; mais on ne laissa pas que de les continuer en dépit de tout ce que je pus dire. Frappé de cette obstination à continuer des travaux inutiles, et soupçonnant quelque fripponnerie , dèslors je tins registre de tout, avec l'attention de doubler sur mon état le prix des dépenses réelles, qui , malgré cela , ne s'élevcrent pas à six cents livres. De retour au Cap , j'appris qu'on les avoit portées sur le compte du roi à plus de cinquante mille livres.

Etant chargé de visiter nos malades au Cap , je trouvai que sur huit cent trente-cinq soldats qui étoient à l'hôpital , il y en avoit à peine un tiers de malades , et que sur vingt-deux officiers un seul avoit la fievre. Je dînai avec tous les autres , qui jouissoient de la meilleure santé. Après le repas, je témoignai ma surprise à un de ces messieurs de trouver à l'hôpital autant de personnes bien portantes. Cet officier me répondit que lorsqu'il n'y avoit pas six cent soldats et vingt officiers à l'hôpital, les peres de la charité faisoient mal leurs affaires; et qu'en considération du bon accueil que ces messieurs faisoient à tout le monde, on tâchoit de leur fournir au moins le nombre compétent. Cependant le roi paie 30 livres par jour pour un officier, et 3 liv. 12 sols pour un soldat.

J'ai vu aussi au Cap en 1777, tirer une ligne de défense entre la batterie du bac et celle du morne, qui, en cas d'attaque de la ville, n'eût fait que gêner nos opérations. Je faisois cette observation à l'officier chargé de ce travail ridicule, qui me dit d'un ton de plaisanterie : on voit bien que vous n'entendez encore rien aux NOTRES OPÉRATIONS : par exemple, celle-ci a pour objet de nous emparer de huit cent mille livres qui nous restent en caisse, et je vous en promets un succès complet : qu'avez-vous à me répondre ?

On a construit un magasin à la grande riviere, qu'on a fondé sur un terrein peu solide à dessein qu'il durât peu ; et cette spéculation a si bien réussi, qu'en peu de temps il a été relevé trois fois ; en sorte qu'au résultat il en coûte huit ou dix millions à l'état pour un magasin inutile ; j'ajoute inutile, parce que je me charge de démontrer que dans aucun des cas supposés à la guerre, les troupes ne doivent point se retirer à la grande riviere.

En général, les trois quarts de forts et batteries qui se trouvent entre le môle Saint-Nicolas et le fort Dauphin sont superflus ; et à leur inutilité on voit évidemment qu'ils n'ont été imaginés que pour les faire payer au roi trois ou quatre fois plus qu'ils n'ont coûté à élever.

On voit au Cap, sur la ravine de la Providence, un très-petit et fort vilain pont, à-peu-près pareil à ceux qu'on trouve sur les ruisseaux qui traversent nos villages en France, où il eût tout au plus coûté quatre cents livres, et qu'on a fait payer au roi plus d'un million.

Ce n'est ici qu'une foible esquisse des horreurs dont j'ai été témoin aux îles du vent et sous le vent, que je réserve pour un autre temps. On va en voir la raison.

Au reste, on s'étonnera moins du brigandage qu'excercent dans nos colonies les

gens du roi, si on fait attention que la distance des lieux, la nature des affaires, la
multiplicité des objets de dépense favorisent
cet esprit de grapillage au point qu'en supposant même que les chefs de l'administration qui sont en Europe y donnassent des
soins d'intégrité, ces soins seroient insuffi-
sans, et le désordre se perpétueroit également malgré cette vaine surveillance. Mais
si cette supposition qu'ordonne un respect
aveugle pour tous les gens en place, n'est
pas vraisemblable, et qu'au contraire tout
nous autorise à généraliser ces inculpations,
à étendre cette charge sur tous, et qu'enfin
nous ayons tout lieu de penser que tous ces
gens d'administration ne forment qu'une
seule et même famille d'insectes voraces
habitués à se nourrir de déprédations et de
fraudes, et travaillant du plus grand concert
à dévorer à la fois l'état, le commerce et nos
colonies, alors le mal devient plus pressant,
et nous sommes forcés d'adopter un nouveau
plan, ou nous devenons leurs complices.

J'avois proposé en conséquence de laisser
le soin et la charge de l'administration des
colonies aux colons qui sont présens, et qui

tous seroient individuellement intéressés d'une portion à ce qu'elles le fussent le plus économiquement. Il est constant que la surveillance la plus active est celle de l'intérêt particulier.

Je voudrois donc que toutes les dépenses publiques fussent à leur compte, comme nourriture, habillement, recrutement de troupes, entretien des fortifications, magasins, arsenaux, frais de perception, etc. Ils auroient de même le droit d'asseoir l'impôt, le soin de sa répartition, comme le choix des objets à imposer. Cela fait, on supprimeroit en conséquence comme inutiles tout ce qu'on appelle gens du roi, tant militaires qu'administrateurs. On conserveroit seulement un gouverneur dans chaque colonie, à qui il seroit expressément défendu de s'immiscer en rien dans le civil, et dont les fonctions se borneroient à garder et défendre sa colonie de toute entreprise étrangere et de sa conservation au nom du roi. Après quoi on taxeroit ce que chaque colonie remettroit au trésor public ; et je garantis que l'état gagneroit à cette nouvelle organisation de huit à douze millions par année, sans peser aucunement sur les colonies.

Je sens d'avance toutes les objections des personnes payées pour perpétuer les mauvaises formes, de ces personnes qui toujours trouvent un droit dans le desir et la facilité de voler. Combien d'inconvéniens ils feront naître, combien d'empêchemens ils vont trouver, combien de difficultés ils vont présenter ; mais je dis que, sans s'arrêter à toutes ces clameurs dont il est si facile de démêler le véritable objet, si on trouve au plan proposé des obstacles qui semblent raisonnablement s'opposer à son exécution, je me chargerai en ce cas de les applanir si parfaitement, qu'il ne restera aucune ressource à la mauvaise foi de justifier son astuce par le prétexte du bien public ; c'est-à-dire, que le développement de mes moyens sera si juste et si simple qu'ils ne sauroient être rejettés, même par les personnes les plus intéressées à conserver les anciennes formes pour exercer leurs monopoles, et qui toujours fondent leur fortune sur leur infidélité. Ces moyens pourvoiront même aux cas extraordinaires, comme temps de guerre, nouvelles entreprises , nouvelles

(25)

constructions de forts, de magasins, etc.

Je crois devoir ajouter que si ce plan n'é-
toit pas adopté, il resteroit alors au service
du roi beaucoup de mal-honnêtes gens que
je connois, et dont je connois les malver-
sations; et je ne crois pas qu'il y ait de considération dans le monde qui me dispense
de les dénoncer et de demander des recherches sur leur abjecte conduite. Je regarde
du moins comme un devoir sacré de tout
François de travailler, autant qu'il est en
lui, à écarter des grandes affaires ce tas de
misérables qui désolent l'état, en se faisant
un jeu de la fripponnerie; mais afin que ces
recherches se fassent plus réguliérement, et
avec plus de succès, je demanderai qu'elles
remontent à 1775, époque à laquelle plusieurs régimens furent embarqués; je demanderai aussi qu'il me soit permis d'indiquer les précautions à prendre et les moyens
préparatoires qui les doivent précéder, et
ce sera alors que je me chargerai de mettre
au plus grand jour ces routes tortueuses et
ténébreuses qui ont servi à détourner des
sommes énormes durant la derniere guerre,
malgré qu'un long exercice de fripponne-

rie ait appris à ces misérables déprédateurs à les couvrir d'une apparence de réalité par des comptes visés, par des reçus signés, par des états vérifiés, par tous ces objets enfin dont la prévoyance a enseigné à la fraude de s'armer pour sa défense, et à qui il ne manque absolument rien, sinon d'être vrais.

Au surplus, on ne doit pas s'étonner que le département de la marine soit celui où l'on remarque le plus grand désordre, puisque c'est celui qui offre le plus d'imperfections et de difformités ; celui qu'il semble qu'on a particuliérement et à dessein choisi pour éprouver combien un grand empire peut opposer de résistance à tout ce qui tend à sa ruine. Il n'y a pas jusqu'au privilege déshonorant qu'ont acquis les gens de la cour de tout faire sans rien savoir, de tout obtenir sans rien mériter, qui ne s'y fasse plus sensiblement sentir que par-tout ailleurs, qui n'y pese le plus cruellement sur la nation ; car quoique nous n'ayons presque pas de ministre qui n'ait déshonoré sa place par son inhabileté, encore en voyons-nous dans les autres départemens qui ont quelques notions des objets qui les concernent ; mais dans celui de la marine, il est constant qu'ils y arrivent sans connoissances et sans aptitude ; et toujours leur élévation à cette place a été l'ouvrage de l'intrigue animée par la cupidité. Au reste, nous avons de cette vérité une preuve bien manifeste dans cette suite de ministres qui se succedent depuis si long-temps à ce département, dont l'impéritie et l'inaptitude étoient si connues qu'on n'avoit point cru exagérer de dire que leurs connoissances alloient à peine jusqu'à savoir si l'eau de la mer est salée, et qui en effet ne s'y sont fait remarquer que par leur inutilité, ou par des fautes dans les occasions importantes, soit à la guerre, en politique, ou en fait de commerce, et qui enfin par infidélité ou par mal-adresse ont ruiné l'état sans avoir su le servir. Ici tout bon François ne doit-il pas se sentir la rage dans l'ame en voyant nos grands et immenses moyens en tous genres, les moyens de la plus puissante nation du monde, se flétrir et devenir nuls dans ces mains impures et mal-adroites, en nous voyant réduits à l'humiliation de ne jouer qu'un rôle dérisoire en Europe, où nous devrions faire trembler les plus redoutables puissances? Cependant si nous voulions observer que, dans ce département, nous avons plus particuliérement à nous mesurer avec le peuple le plus intelligent, le plus énergique, le plus infatigable d'Europe, peut-être qu'alors nous jugerions que ce n'est pas de l'intrigue et de la cupidité qu'il faut tenir des ministres, que ce ne sont pas des hommes sans talens et sans intelligence qu'il faut leur opposer. La plus saine raison ne nous avertit-elle pas au contraire qu'il faut leur opposer des hommes capables et expérimentés, et dignes de rétablir nos affaires par de savantes spéculations, par de judicieuses entreprises, par de fortes résolutions ; des hommes d'honneur et de bien, faits pour réveiller les sentimens d'honneur éteints par une longue oppression, faits pour détruire le germe de la servitude semé par tous ces gens sans ame et sans esprit ? Ne sent-on pas enfin que ce ne sera que sous des ames fortes et des esprits éclairés que notre marine prendra son rang et ses droits en Europe, qu'elle pourra se

montrer digne de la majeste de la nation ,
et qu'elle pourra en imposer à notre or-
gueilleuse rivale ? ... Et certes n'y a-t-il pas
de quoi s'indigner en songeant que c'est à
force de combinaisons et d'opérations im-
bécilles que nous restons sous la dépendance
des Anglois , que nous devrions protéger ;
et que nous maîtriserons sûrement , si jamais
par un développement sage et réfléchi nous
savons profiter de tous nos avantages sur
eux ? Et quel est le lâche François qui ne
sent pas en effet que , malgré l'intelligence
et l'énergie de cette nation célebre , nous la
dépasserons en tout , oui, en tout , si jamais
nous avons un homme de génie à la tête
de ce département , et que nous arrivions
au jour heureux où il nous sera permis d'en
écarter tous ces êtres d'avarice , d'ineptie
et de turpitude.

Oui , je suis persuadé que , s'il étoit possible de donner à tous ces hommes tour-
mentés de cette âpre avidité pour les grandes places sans consulter leurs forces pour
les dignement remplir , assez de lumieres
pour juger des maux qui déposent contre
leur intelligence et leurs talens, assez d'hon-

neur et de délicatesse pour se pénétrer d'un généreux repentir ; oui, je suis persuadé, dis-je, qu'il n'y en a pas un qui, à l'instant même, ne mourût de honte et de douleur.

OBSERVATIONS
SUR L'ESCLAVAGE
ET LE COMMERCE
DES NEGRES.

Pour répondre aux questions insérées dans le Journal de Paris, et qui avoient été faites par M. B. S. FROSSARD, auteur d'un excellent ouvrage, intitulé : *La Cause des Noirs portée au tribunal de l'humanité, de la justice et de la religion;* par M. THÉOPHILE MANDAR (a).

SI un peuple libre a dans ses pensées, dans ses discours, dans sa marche, et jusque dans ses gestes et dans ses regards, cette fierté qu'il ne tient que du sentiment de son indépendance, cette noblesse et cette majesté que l'exercice de la souveraineté imprime sur le front du citoyen, et qui ne l'abandonne qu'à la mort ; si la liberté donne à l'homme, dignité, grandeur, sentiment, noblesse, force, courage et magnanimité, le rendroit - elle indifférent aux maux de ses semblables ? Dira-t-on que l'homme libre, le citoyen - roi conserve dans son caractère cette atrocité qui ferme à la sensibilité le cœur des tyrans, et qu'il aime à s'en défendre ? L'homme libre, le citoyen-roi formera-t-il aussi le désir de se nourrir du sang et des sueurs de l'homme, lui qui élève librement ses mains vers le ciel pour y adresser ses vœux, lui dont la voix est ce foudre qui écrase et punit les rois ? Le citoyen dont le bonheur et la liberté font l'objet de l'admiration de tous les peuples, consentiroit-il à être servi par des esclaves ? Si les Français possèdent 600,000 esclaves à 1000 livres l'un portant l'autre, voilà, s'écriera-t-on, une perte réelle de six cents millions, ce qui est immense.

Je réponds : ces 600,000 hommes ne vous appartinrent jamais ; sans pudeur vous les

avez mis au nombre de vos propriétés ;
offrez-leur un salaire , ils continueront de
multiplier pour vous le produit de vos
terres : les *Quakers* nous ont donné cet
exemple ; serions nous moins susceptibles
d'humanité , de désintéressement , et l'é
quité ne seroit-elle pour nous qu'un nom ,
et la justice un probléme? Les loix saintes
de la nature feroient - elles sur nos cœurs
moins d'impression , que ses merveilles
sur nos esprits?

Le travail de l'homme qui jouit de sa
liberté , est plus considérable ; son intelli
gence lui donne une main que n'a pas
l'esclave ; il se sert de sa raison, c'est pour
lui un excellent maître : l'esclave, au contraire, n'a qu'un de tout ce que le libre a
par deux.

Et que l'on ne dise pas que ee sont
encore des idées purement philosophiques ,
que l'expérience n'a pas démontrées , et
quelle démentiroit : j'en appelle à tous les
colons qui voudroient être de bonne foi , et
je fonde la vérité de cette assertion sur
leur propre témoignage ; je l'ai avec eux
observé , et ils l'ont souvent reconnu entre
eux.

La liberté nous élève vers les cieux ; d'où elle tire son origine, et la servitude nous retient vers la terre, où elle est née.

On ne peut se défendre de la plus profonde compassion, à la vue de cette classe nombreuse d'hommes qui reçoivent avec l'existence, ce bienfait du Créateur, les marques d'un esclavage aussi long que la vie ; de ces hommes qui comptent les années par la variété de leurs souffrances, et dont les sentimens toujours flétris, toujours calomniés, n'ont jamais été bien connus.

« Madame Sennard vécut quatre-ving-six à quatre-vingt-sept ans ; j'ai fait les honneurs de ses funérailles. Quelques années avant sa mort, elle avoit donné la liberté à plusieurs nègres. Il y avoit, de l'habitation à l'église, une distance de trois lieues ; j'accompagnois le corps : arrivé au bourg, on le déposa dans une bière *commune*, sous un grand arbre qui sert de lieu de rendez-vous, d'où le clergé part pour aller à l'église. Les habitans et les amis arrivèrent par toutes les routes, et bientôt leur nombre indiqua que le corps qui venoit d'être déposé sous l'arbre, étoit celui d'un riche. Le petit-fils de la défunte pleuroit; je le consolois, quand tout-à-coup j'apperçus deux vieux nègres qui accoururent s'aidant de leur bâton; ils jetèrent un cri perçant, et se dirent : *La voilà, notre bonne maîtresse, elle est morte* ! et ils pleuroient. Je considérai attentivement ces deux vieillards : ils soulevèrent le drap mortuaire ; je leur demandai pourquoi. Je vous en supplie, monsieur, que je baise les pieds de notre maîtresse ; notre maîtresse étoit si bonne ! nous voulons pleurer sur ses pieds, sur son visage ; permettez que je lui baise les pieds ! Je leur défendis de découdre le linceul : Nos larmes le mouilleront, nos larmes sur les pieds de *notre bonne maîtresse!...* Je me retirai, ne pouvant en imposer à deux hommes dont les supplications étoient interrompues par les sanglots : ils décousirent le linceul à l'endroit des pieds, les lui baisèrent en versant des larmes avec abondance : ils jetèrent de grands cris, élevèrent les mains au ciel, et les reposèrent sur les pieds froids de madame Sennard. L'un d'eux commença à découvrir la face de cette morte respectable : je ne voulois pas le souffrir ; mais

je sentis jusques au fond du cœur le pouvoir que cet acte de leur reconnoissance
exerçoit sur moi. Plein d'admiration pour
ces deux vieillards, je détournai pour quelques momens la vue d'un spectacle aussi
nouveau et aussi attendrissant : cependant
les amis, le clergé vinrent. On plaça en
hâte le corps dans la bière. Ce n'est qu'avec beaucoup de larmes que je pourrois
raconter ce qui se passa au moment où
l'on cloua la bière ; leurs cris, leurs gémissemens furent l'oraison funèbre de madame Sennard : ils suivirent le deuil dans
le chœur, se placèrent à genoux au bord
de la fosse, et, tandis que les amis et
moi y jettions de l'eau bénite, ils y déposèrent leurs pieuses larmes. Je les vis baiser la terre dont j'avois fait combler la
fosse, et pendant plus d'une heure ils y parurent immobiles. Je les entendis répéter
ces mots : *Elle étoit si bonne !*

La servitude, qui isole les hommes comme
leurs sentimens et leurs volontés, fera place
à la liberté qui les réunit, qui leur donne
je ne sais quoi de grand et de noble. A l'abri
de la liberté, les nègres bâtiront des bourgades ; les mariages seront fréquens, la po

pulation en sera l'effet, et, tout aussi long-
temps que les blancs pourront se maintenir
à ce dégré de supériorité qu'ils ont sur les
Africains, et du côté des lumières, des
sciences et des arts, autant que par cet
ascendant légitime et naturel qu'un bien-
faiteur conserve sur ses protégés, de l'accroissement des nègres suivra celui des richesses de l'habitant, et du commerce de
la métropole avec les colonies.

Cet arbrisseau que le soleil n'avoit jamais
vivifié de ses rayons, vous l'avez transplanté;
la main de l'homme a protégé ses jeunes
branches; il le couvre bientôt de son ombre,
le couronne de fleurs, et l'enrichit de ses
fruits : voici, ô FRANÇAIS ! une race nombreuse d'êtres qui n'attendent que la lumière bienfaisante de la liberté, pour devenir des hommes.

Les hommages de nos inférieurs nous flat-
tent peu, nous n'y faisons qu'une légère
attention, ce sont nos inférieurs ; mais
l'hommage et la reconnoissance de nos
égaux nous élève au dessus de nous-mêmes :
notre ame et tous nos sentimens sont d'accord. On ne sçauroit ajouter à notre bonheur : nous régnons, et nos sujets sont
nos égaux !

Aujourd'hui, ô mes compatriotes ! livrez-vous à tous les sentimens de la charité, qui compatit, qui soulage et qui nourrit : plusieurs milliers d'hommes, vos égaux dans l'ordre de la nature, vos frères en Dieu, élèvent tous ensemble leurs mains suppliantes ; leurs regards sont fixés sur vous ; ils ne se plaignent pas, ils oublient leurs maux ; ils vous implorent, vous qui êtes leurs maîtres ; ils vous supplient, EUX PAR QUI VOUS PROSPÉREZ ! Ils sont dans les profondes ténèbres de l'ignorance, vous possédez toutes les lumières ; ils ont encore cette ame vierge, susceptible des sentimens les plus purs ; par cette longue patience à attendre de vous le bienfait de la liberté, ce zèle à vous servir, par cet amour de leurs jeunes épouses en allaitant vos enfans, toutes les années de leur vie, vous en avez joui !...

Depuis trois siècles, vos aïeux, et vous-mêmes qui m'entendez, possédez de vastes domaines ; leurs travaux les ont mis dans vos mains. Jouissez-en, jouissez de ces biens, plusieurs milliers d'esclaves vous en ont donné la propriété ; ceux qui vous supplient sont leurs enfans.

La liberté dont les peuples les plus libres font la base de la grandeur, de la prospérité et de la gloire, ainsi que du bonheur des nations, sera-t-elle un bienfait pour les nègres ? Leur caractère naturellement indolent, l'habitude d'obéir, l'insouciance absolue du lendemain, cette existence, ou plutôt ce sommeil continuel dans lequel toutes les facultés de leur ame paroissent plongées comme dans un abîme, pardonnez-moi l'expression, font qu'ils vivent de la vie des morts, et je les appellerois plus volontiers des êtres qui aspirent à devenir des hommes : ils naissent, les années se rassemblent sur leur tête ; ils les ont passées en gémissant sur la terre ; leur vie a été un long et horrible songe.

Ces hommes sont à une distance qui ne peut s'apprécier ; pour les élever à notre hauteur, leur tendrons-nous, comme à des enfans, une main secourable et protectrice ?

Ces êtres sont nés pour nos plaisirs, pour multiplier nos richesses, et jouir, sous notre protection, de la portion des biens dont nous daignons leur laisser le libre usage.

Si j'ai bien entendu, habitans des colonies, ce sont-là vos discours.

Vous connoissez le cours des astres : les saisons ont uue marche invariable, malgré leur inconstance. Connoissons-nous les bornes de la tyrannie, les loix qui lui lui seront supérieures, les institutions que nous devons rechercher pour prévenir sa naissance, son accroissement continuel, enfin pour empêcher ses dangereux desseins ?

Que l'un de ces habitans, riche des flots de sang et des larmes qui coulent sur de vastes habitations, soit soumis au supplice les plus ordinaire parmi les plus extrèmes ; ordonnez qu'un nabot soit arrondi au dessus de la cheville de son pied droit, qu'une chaîne prenne de ce nabot, et soit fixée à un collier de fer, qui sera son carcan. Donnez-lui une nourriture grossière, un travail continu ; que son sommeil soit court, ses heures de repos rares ; qu'il ignore à jamais le terme de ses maux ; s'il se plaint, répondez-lui par un châtiment atroce ; s'il murmure, que ses douleurs augmentent : avec qu elle éloquence il fera retentir les tribunaux de ses justes réelamations ! Que dis-je ? les tribunaux ! Un esclave ! il n'en est pas pour lui : ses larmes n'exciteront point la pitié, ou, s'il parvenoit à trouver des ames qui voulussent compatir à ses peines, ce sera pour lui comme le bon grain de l'Evangile, qui est tombé parmi les épines. J'aborde cet homme doublement malheureux ; son ame fuit la présence des hommes ; l'espérance d'un sort plus heureux n'est pour lui qu'un songe : il ne s'y livrera pas ; sa situation actuelle disperse ses pensées, ses reflexions sont, à l'égard de son cœur, ce que le nabot, ce que la chaîne et le carcan sont à l'égard de son corps.

O vous, qui jouissez en paix du bienfait inestimable de la liberté ! considérez, et voyez cet homme dont toute la force suffit à peine à ses tourmens ; son courage est courbé par la douleur ; il ne peut plus pleurer, il a versé sa dernière larme !

Elevez vos pensées vers cet avenir qui s'ouvre à vos neveux ; ils vantent votre générosité, ils gémissent d'être nés deux siècles après vous, ils vous envient l'honneur de ce bienfait, et la gloire qui en réjaillit sur eux ne leur semble qu'une foible lumière, comparée à la gloire infinie que vous vous êtes acquise.

O Français ! peuple généreux et magnanime, tes enfans vont mettre au nombre de l'héritage de leurs pères, les continuelles actions de graces des esclaves qui tiennent la liberté de leur magnificence ; et, d'âge en âge, le vieillard redira à ses petits-enfans : Nos pères eurent des esclaves ; ces esclaves ont imploré nos pères ; nous sommes Français : ô mes petits enfans ! nos pères les ont affranchis ; ces hommes ont loué Dieu et béni nos pères ; leurs enfans en conservent le précieux souvenir; ils nous chérissent ; leurs cabanes sont pour nous un sûr asyle ; et leurs fruits, ils les trouvent meilleurs quand ils nous les ont offerts.

Mots sublimes, qui retentissez de la terre au ciel, accens des milliers d'hommes, qui s'écrient, transportés, ravis de joie : Nous libres! les Français!.... nous libres! Vieillards, enfans répètent ces mots ; pour eux une seconde naissance : Nous libres ! Voilà d'éternels titres de noblesse ; vous aviez 600,000 esclaves : ce sont six cent mille hommes, et c'est par vous, par votre unanime consentement, qu'ils ont franchi l'intervalle immense de l'esclave à l'homme !

Quelques personnes, peut-être, me diront

ront que la traite des nègres a été faite sous la sanction du gouvernement ; que si ce trafic n'eût pas été permis, on ne l'auroit osé faire. Et encore que ces hommes vous appartiennent en toute propriété comme la maison de votre père, qu'il a hérité de votre aïeul, est la vôtre par succession, ne me dites pas non plus, habitans des colonies, que vous avez nourri et soigné les enfans de vos esclaves, que vous les avez logés, vêtus, que vous les avez instruits, et que, par tous ces titres, ils vous appartiennent de droit comme vos propres enfans.

Si tels sont vos argumens, je vous en conjure, et par tous ces généreux Français, vos ancêtres, dont vous avez trop négligé les grands exemples ; par cette naissance dont vous vous targuez, être blancz ! et par cette humanité que vous montrez en donnant l'hospitalité aux étrangers ; par l'amour que vous devez à votre patrie, dont le nom fait *tout seul* votre joie et votre bonheur ; par tous vos concitoyens, qui d'une voix unanime vous y invitent et vous en pressent ; et si l'on peut ajouter à d'aussi puissans motifs, je vous en conjure par vous-mêmes , par votre gloire, le silence est préférable à ces raisons ; il est préférable à la honte ineffaçable d'une telle excuse ; avec quelque éloquence que vous la présentiez, il est préférable au crime et à l'infamie dont vous vous rendriez coupables; redites-vous à vous-mêmes ce qu'un étranger (qui n'auroit aucun intérêt à cette cause, que celui dont il ne pourroit se défendre à la vue d'un si grand nombre d'hommes malheureux et opprimés) se diroit, que les prérogatives de l'homme sont scellées du sceau de la sagesse divine, qui l'a doué de facultés nobles, distinctes de celle de la brute.

Mais , me direz-vous , les esclaves que nous achetons sont des criminels condamnés au dernier supplice , nous les en délivrons.

Ainsi vous, qui êtes des Français, devenez les généreux libérateurs des criminels de l'Afrique ; vous ravissez à la loi le coupable qu'elle a condamné ; et afin que votre générosité soit digne du nom que vous portez, Français ! et vous , nations de l'Europe , VENEZ ET OYEZ ! Ils ne dérobent à un supplice infame plusieurs milliers d'hommes,

que pour les faire jouir d'une vie longue
d'infamies , d'une vie douloureuse, et qu'ils
prolongent avec art par un alternatif rai-
sonné de bien-être instantané et de maux
infinis ; ainsi, de notre aveu , nous devenons les exécuteurs des sentences portées
contre les criminels de l'Afrique , nous qui
répétons avec orgueil les noms de nos héros ;
de nos savans , de nos philosophes, et qui ,
ô comble d'horreur ! ô honte ! nous les
législateurs des nations, en devenons les
bourreaux.

Que si je vous accorde qu'ils sont des
prisonniers de guerre , vous vous plongez
plus avant dans l'infamie. Des prisonniers
de guerre ! ces hommes qui sont échappés
du carnage ! leur vie est sacrée. Quand ils
étoient des criminels , vous n'étiez que les
exécuteurs de la loi ; et quels exécuteurs
encore ! Dans le second cas , vous violez
le droit des gens ; vous faites le mal que
Dieu avoit permis qui n'arrivât pas à ces
prisonniers , j'entends , qu'ils ne succom-
bassent pas à la guerre ; vous vous pressez
comme des animaux de carnage , et ne
pouvant, comme eux , dévorer les victimes
immolées sur le champ de bataille , vous

vous appropriez les malheureux prisonniers, pour les détruire ensuite par le glaive
de la tyrannie , par le feu de la douleur et
par tous les tourmens.

Quel moment , ô mes compatriotes, que
celui où le vieillard nègre dira à son fils : Moi,
qui suis libre par les années (*a*) , je vois ma

(*a*) Lorsqu'un nègre ou une négresse est parvenu
à l'âge de 60 ans, c'est un usage presque généralement suivi par les habitans, de ne plus donner à ces
vieux serviteurs aucune espèce d'occupation ; ils
jouissent d'une ombre de liberté, et les derniers ins-
tans de leur vie leur appartiennent. Je n'ai point vu
d'exemples d'esclaves âgés de 60 ans assujettis au
travail, qu'ils reçoivent des ordres, ni qu'ils aient
aucune inquiétude ; le soir de leur vie se passe ,
graces à cet usage, dans un oubli absolu des peines
et des chagrins dont ils étoient accablés ; j'en ai
connu qui avoient 80 ans, quelques-uns de 90 ans.
J'ai dîné avec un nègre libre, âgé de 105 ans ; il
jouissoit de la santé la plus robuste, s'étoit marié à
l'âge de 103 ans, et avoit eu un fils de cet hymen : son
épouse avoit vingt ans ; elle étoit sage : il avoit ne-
meuré plusieurs années à Paris, et les évènemens,
dont on ne trouvoit plus la trace que dans l'histoire,
étoient récens pour cet homme ; sa mémoire étoit
fidèle, et son esprit juste, mais sans culture : il racon-
toit ce qu'il avoit vu, avec une simplicité et ce ton
de vérité qui sied à la vieillesse. On me demanda

liberté se prolonger comme un rayon de lumière sur mes enfans ; tu es libre avant l'âge , tes enfans naîtront libres ; et d'un esclavage long-tems malheureux , je vois naître , avec les siècles , une nation d'hommes libres !.... Oui , ils seront tous libres , ils ne seront jamais esclaves , Dieu ne le permet plus.

J'entends des hommes respectables épouvantés de l'affranchissement subit des nègres ; le moment de la liberté sera pour eux une surabondance de jouissances de toute espèce , leur ame sera plongée dans une sorte de délire , et les plus modérés ne

------

la permission de le faire dîner à table : je le priai de permettre que je fusse placé auprès de lui , en le traitant de *monsieur* : il s'offensa de cette qualification, qu'il assuroit ne lui être pas due, et il me fallut déférer à son avis et l'appeler *papa*.

Dans les grandes habitations il n'est pas fort extraordinaire de voir jusqu'à deux et trois centenaires ; quant aux nonagenaires, on y fait peu d'attention, et beaucoup moins aux vieillards : ils ne manquent de rien ; leur vieillesse a quelque chose de vénérable. Le maître naît, il se hâte de jouir ; sa vie s'écoule avec rapidité, tandis que l'esclave est debout surchargé d'années. Ces vieillards nègres sont très-religieux. T. M.

seront pas exempts de cette ivresse générale qui s'emparera des esprits ; elle est légitime : seroit-ce donc un crime à ces malheureux, de ne plus se souvenir de leur déplorable situation, à l'instant où ils sont affranchis ? Hommes respectables, voyez avec moi l'Homme pénétrer ces foibles êtres, en même tems que le sentiment de la liberté efface pour eux toute l'horreur des années écoulées. Ivresse sublime, l'esclavage n'est plus !

L'acte par lequel un blanc achète d'un noir sa liberté, est illégal ; il est criminel, il est atroce.

Le nègre vend la propriété de sa personne, de ses volontés et de ses actions ; sa personne appartient à la société dans laquelle il est né, à sa patrie après Dieu : sa volonté, dénuée des lumières de la raison, et ses actions, de la moralité desquelles son bonheur présent et futur dépend tout entier, ne peuvent, sous aucun rapport, être concédées ni vendues.

Le nègre qui se vend, ignore certainement le prix infini de l'existence, celui plus grand encore de la liberté ; il ignore jusqu'à quel point on pourra abuser du droit illimité qu'il a donné sur sa personne : ce que l'on ne connoît pas n'a pu être apprécié, n'a pu être payé, ne peut être cédé ; comment pourroit-on le vendre ? Le blanc qui achète le nègre du nègre, a par-dessus lui l'avantage de savoir qu'il achète un *homme* ; il reconnoît si le nègre à vendre a essentiellement toutes les facultés de l'homme. l'intelligence, la force, l'adresse, la mémoire ; s'il ne les a pas toutes, il diminue de sa valeur ; et de quelque manière que l'un et l'autre établissent leurs principes, ils sont, et le vendeur et l'acheteur, dans une erreur égale : je n'y trouve qu'une différence, c'est que le vendeur ne connoît pas bien précisément le prix de ce qu'il vend ; pourquoi il est digne de pitié : l'acheteur, au contraire, le sait parfaitement : c'est parce qu'il le sait, qu'il contracte : c'est parce qu'il achète sciemment la liberté et l'existence d'un être, son égal dans la classe des êtres, son frère en Dieu, qu'il est criminel, qu'il est méprisable, qu'il est infame ; et, par toutes ces raisons, le mépris, qu'on a pour les esclaves doit, à plus juste titre, s'étendre sur leurs maîtres.

La liberté ! la liberté est un bienfait inhérént à l'existence de l'homme; elle est inaliénable et incessible. D'où nous viennent tant d'argumens, sinon de la peine que vous ressentez à vous dessaisir d'un bien acquis contre les loix saintes et inviolables de la nature? Ces loix augustes sont sacrées; elles sont éternelles.

En examinant quels ont été les motifs qui ont pu vous déterminer à faire la traite des nègres, si je vous demande, FRANÇAIS! est-ce l'amour de l'humanité, de la justice? vous gardez le silence d'un homme accablé sous l'énormité de son crime; ce silence dévoile à la fois votre honte et vos forfaits; ce silence vous accuse, il vous convainc; ce silence fixe sur vos actions, sur vos pensées, tous les sentimens de l'horreur et de l'exécration; ce silence change à mes yeux tout ce qui vous environne en objets d'indignation; ce silence appelle sur vous les supplices réservés aux plus grands criminels, l'ignominie qui les précède, et ce long souvenir par lequel les hommes expient sur les enfans et les crimes et les bassesses de leurs ancêtres; et comme si le tems de notre vie ne suffisoit pas à notre honte, la vengeance divine, toujours im-

placable et infinie dans ses moyens, trans-
met le souvenir de nos crimes ; et, de siècle
en siècle, ces mêmes sentimens de cour-
roux et d'indignation dont nous sommes
émus, parviendront à nos derniers neveux
avec la même horreur, et votre infamie
sera encore une infamie dans tous les siècles
à venir.

Ce fleuve, dont la source est éloignée de
la mer par plusieurs centaines de lieues, et
qui, par sa largeur et sa profondeur, vous
laisse à douter si vous cessez de naviguer
en pleine mer, vous l'appelez grand, et,
par comparaison à d'autres fleuves, vous
dites, c'est le plus grand de tous les fleuves ;
vous nommez le lieu d'où il prend sa source,
et celui où ses eaux se confondent avec les
eaux de la mer ; leur distance excite en
vous une profonde admiration ; vous ne
connoissez rien au monde dont la grandeur
puisse être comparée à la grandeur de ce
fleuve : je m'en étonne avec vous ; comme
vous je l'admire ; et, quelle que soit l'immensité de ce fleuve, vous en connoissez
la naissance et vous voyez son embouchure.

Voici, ô Français, un long cours de
crimes ; il a commencé depuis plusieurs

générations : placés à une grande distance du lieu où il coule avec les années, nous n'en connoissons que ce que les voyageurs, dont l'exagération est toujours loin de la vérité, nous en disent, si leur nombre, qui est infini, n'inspire pas une confiance sans bornes, vous convenez néanmoins que le peu que vous en savez, et à quoi votre scepticisme ne peut rien opposer, est au dessus de tout ce dont l'homme est capable : ce cours de crimes est l'œuvre, j'en frémis d'épouvante et d'effroi, il est l'œuvre de l'homme civilisé ; il est ce cours de crimes ; il est immense, puisqu'il couvre toutes entières des îles plus grandes ensemble que des royaumes de l'ancien monde ; il traverse les mers ; il dépeuple l'Afrique et l'Amérique ; l'Amérique entière n'est pas assez vaste pour ses ravages : ET CE CRIME N'EN SERA PAS UN TRÈS-GRAND !

Les nègres libres sont de tous les maîtres les plus durs ; et quand un Européen veut effrayer son nègre et lui inspirer une grande crainte, il le menace de le vendre à un nègre libre : ces hommes, parvenus tout-à-coup de l'esclavage à la liberté, conservent dans leur cœur le souvenir affreux de ce qu'ils ont été capables de souffrir sans mourir, et ils épuisent sur leurs malheureux esclaves les tourmens et les tortures que l'homme a inventés dans sa fureur ; ils les exécutent avec un raffinement de cruauté, et cet air de satisfaction et de calme que nous aurions un jour de fête. Rien n'approche de la tranquille férocité, de cette ironie dans les paroles, dans le regard et dans les gestes, par lesquels ils froissent tous les sentimens du patient, à l'instant où son corps offre l'image d'une plaie inguérissable, et dont les douleurs ne se peuvent concevoir.

Si un Européen le sollicite de faire grace, il lui réplique avec un respect mêlé de reproches : C'est mon nègre, c'est mon esclave, etc.

Trente-deux mille esclaves importés dans nos colonies ont perdu, avant leur arrivée, le sixième de leurs compagnons, ou par les suites d'une épidémie, ou par les accidens de la mer, et, ce qui est pire, par la férocité et l'intempérance des blancs, et enfin par le défaut d'espace et la mauvaise nourriture, autant que par les précautions mêmes que les blancs prennent pour leur conservation : si vous ajoutez à ces trente-deux mille hommes qui ont été faits prisonniers de guerre pour nous être vendus, le nombre de ceux qui sont péris dans la mêlée, avant ou après la bataille, en se précipitant dans les rivières ; ceux qui sont morts à la guerre en combattant pour leur liberté, et qu'ils ont défendue avec la plus grande intrépidité ; ceux que le spectacle de leur patrie dévastée aura affectés profondément, et qui sont allés attendre la mort sur les tombeaux de leurs ancêtres en nous maudissant ; ceux qui savent que les fers de la servitude entrent jusque dans l'ame, et qui préfèrent la mort à l'esclavage et à la clémence des blancs : si vous réfléchissez sur tous ces objets, vous conviendrez que, pour convertir tous les ans trente-deux mille hommes en animaux domestiques et en instrumens de labourage, nous avons imité un homme qui, voulant transporter des arbres, détruiroit plusieurs forêts.

Et en effet, on ne peut estimer la dépopulation annuelle moindre de 60 à 70,000 hommes pour la partie de l'Afrique avec laquelle nous faisons la traite des nègres, ce qui donne, pour dix années, un nombre de 6 à 700,000 ! Depuis trois cents années, nous continuons ce commerce avec les rois de la côte d'Afrique.

Si je me transporte en Afrique, je vois des Français exciter les rois à dépeupler leurs provinces, et un chargement d'eau-de-vie faire verser une plus grande quantité de sang : un miroir, un peigne, une pièce de toile, sont le prix que nous offrons en échange de meurtres que l'on vient de commettre ; ces vils objets, pour la liberté d'un homme, pour la liberté de plusieurs milliers d'hommes, pour la mort d'un plus grand nombre. Je succombe à la vue de tant d'horreurs ; et tous les hommes assemblés applaudiroient à ce commerce, que j'élèverois ma voix du milieu de leurs criminelles acclamations, et seul je m'écrierois : Ayez horreur !

Les larmes que ce nègre verse avec amertume, ses aïeux les ont répandues avant lui ; son fils les répandra à son tour, et ses arrière-petits-enfans arroseront de leur sang et de leurs pleurs ce même sol sur lequel leur aïeul a gémi : la douleur, l'ignominie, les tourmens, la servitude, voilà

donc l'héritag eque l'esclave promet à sa pos
térité ! Etoit-il donc réservé aux peuples mo-
dernes de commettre un crime dont-toute
l'horreur fût transmise et par l'agresseur
et par l'offensé ; de générations en générations ?

Dans la supposition même où les nègres
que vous achetez seroient , contre toute
vraisemblance ; coupables de crimes, ne
les ont-ils pas déjà expiés en devenant vos
esclaves ? Cette peine n'est-elle pas infiniment supérieure à toutes les peines qni ont
jamais été infligées par tous les législateurs ? Mais leur postérité est-elle aussi
complice des crimes commis par leurs parens en Afrique ? Non sans doute ; c'est
votre postérité, au contraire ; qui se rend
complice de vos fureurs et de vos cruautés ;
vos successions sont un héritage de crimes
à expier, que l'on continue, un héritage de
pleurs à essuyer, un héritage de plaies à
guérir ; de consolations à donner ; au lieu
desquelles vous prodiguez les tourmens ,
un héritage de torts à réparer, et que vous
aggravez, de malheurs et de maux infinis
que vous augmentez tous les jours.

On me pardonnera sans doute cette

digression sur l'esclavage des nègres , dans un ouvrage consacré tout entier à redire quelle est la splendeur d'un peuple qui , à l'énergie de la liberté , ajoute encore la majesté du pouvoir souverain ; un ouvrage destiné à faire connoître à l'homme ses droits et leur étendue , sa dignité , sa puissance , et quels biens il a droit d'en espérer ! Sans doute un sujet aussi grand , les droits et la souveraineté du peuple , n'est pas éloigné de la cause des noirs. Français ! ô Français ! peuple magnanime qui vois le trône et sa splendeur comme une prairie , où tes Législateurs viennent de s'asseoir en ton nom , il est tems que ta puissance se manifeste par des bienfaits ! la cause des nègres rencontre sans cesse aux pieds du trône de ton roi , DES HOMMES , DES INTÉRÊTS ET DES PASSIONS. O Peuple-roi ! jusqu'à quand souffriras-tu que la majesté du nom Français soit avilie et offensée ?

C'est dans l'auguste Assemblée Nationale que l'humanité fera entendre sa voix touchante : eh ! que puisse-t-elle s'y montrer précédée de ces gémissemens que fait entendre dans les provinces de l'Afrique le vieillard isolé, qui demande aux vents sur quelles côtes ont abordé ces hommes *blancs*, qui ont emporté les noirs pour ne les ramener jamais ! Heureux ce vieillard dans sa douleur ! trois fois heureux ! il ignore ce que sont devenus, sur une rive étrangère, son frère, sa femme, les fils de sa sœur, et ses propres enfans.

[Ce texte de Théophile Mandar est extrait du tome second de « De la Souveraineté du Peuple, et de l'excellence d'un Etat libre ». Par Marchamont Needham. Traduit de l'anglais... par Théophile Mandar - Paris, chez Lavillette, 1790.]

De l'imprimerie de J. GRAND , rue du Foin-Saint-Jacques , N°. 6.

RÉPONSE

AU CHAMPION AMÉRICAIN,

O U

COLON TRÈS-AISÉ A CONNOITRE.

DEPUIS qu'on ne se bat plus en France, Monsieur, je conviens avec vous qu'on s'y assassine quelquefois ; qu'il est imprudent de provoquer les assassins ; mais il est encore plus indiscret, plus indécent, et plus injuste, d'attaquer les gens d'honneur, de les attaquer de la manière la plus inepte, et cependant la plus calomnieuse, en imputant un manque de courage à M. de la Fayette, que vous craignez, peut-être, au fond du cœur. Je vous dirai que je ne connois point ce héros magnanime comme vous le prétendez. Je sais seulement que sa réputation est intacte, sa valeur connue, son cœur, comme celui de Bayard, sans peur, sans reproches; à qui nous devrons peut-être le bonheur de la France et le pouvoir de la nation. Je n'entreprendrai point de justifier les hommes célebres que vous provoquez ; ils sont tous militaires et François, et ce titre me suffit pour les croire braves.

Mais, si je vous imite, Monsieur, par cette espece de défi, je m'écarte un peu trop de mon but en tombant dans l'erreur grossiere que vous avez commise à mon égard. Ce n'est pas la cause des philosophes, des amis des noirs, que j'entreprends de défendre ; c'est la mienne propre, et vous voudrez bien me permettre de me servir des seules armes qui sont en mon pouvoir. Nous allons donc guerroyer, et ce combat singulier, grace à ma *jeanlorgnerie*, ne sera pas meurtrier. Vous m'accordez cependant des vertus et du courage au-dessus de mon sexe. Je pourrois en convenir sans trop d'orgueil : mais vous ne me prêtez pas moins gratuitement l'ambition de consulter sur la langue et sur mes foibles productions les académiciens, les savans gens de lettres, et tout le sacré vallon qui protege plus d'un sot, et dont je fais fort peu de cas, excepté les écrivains, qui ont honoré les talens par l'honneur et la probité. Le mérite littéraire est bien peu de chose quand il est dénué de ces deux avantages : mais passons à ce qu'il m'est important de vous apprendre, et que vous ignorez parfaitement.

Vous prétendez, Monsieur, que les amis des noirs se sont servis d'une femme pour provoquer les colons. Certes il est bien plus extraordinaire qu'un homme qui annonce quelqu'esprit, de la facilité et même de la bravoure, charge une femme d'être le porteur d'un cartel, et veuille, par une entremise aussi singuliere que poltrone, faire ses preuves de courage. Je ne puis donc apprécier votre valeur que comme une espece de dom quichotade,

et vous considérer comme un pourfendeur
de géants et de fantômes qui n'existent pas.
Je veux cependant, en vous ramenant à la
raison, rire avec vous des maux où je ne
vois point de remede. Vous avez à combattre
la société des amis des noirs, et moi, j'en ai
à confondre une bien plus terrible, c'est
celle de..... Le temps qui détruit tout, qui
change à son gré les arts, les mœurs et la
justice des hommes, ne changera jamais
l'esprit de corps de ceux de qui j'ai si fortement à me plaindre.

On a vu tomber en France, depuis quelques mois, le voile de l'erreur, de l'imposture, de l'injustice, et enfin les murs de la
Bastille ; mais on n'a pas vu encore tomber
le despotisme que j'attaque. Je me vois donc
réduite à essayer de l'abattre. C'est un arbre
au milieu d'un labyrinthe touffu, hérissé de
ronces et d'épines : pour émonder ses branches, il faudroit toute la magie de Médée.
La conquête de la toison d'or coûta moins
de soins et d'adresse à Jason que ne vont
me coûter de tourmens et de pieges à éviter
ces branches empoisonnées qui font du tort
à l'arbre célebre et au génie de l'homme.
Pour les détruire, il faut terrasser vingt
dragons dangereux qui, tantôt se transfor-
mant en citoyens zélés, tantôt en serpens
flexibles, se glissent par-tout, et sement
leur venin sur mes ouvrages et mon person-
nel.

Mais, à mon tour, ne dois-je pas, Monsieur, avec plus de raison vous soupçonner

de vous être mis vous-même *honorablement*
en avant pour cette faction rampante qui
s'est élevée contre l'*esclavage des negres ?*
Qu'imputez-vous à cet ouvrage ? qu'imputez-
vous à l'auteur ? Est-ce d'avoir cherché à
faire égorger en Amérique les colons, et
d'avoir été l'agent d'hommes que je connois
moins que vous, qui peut-être n'estiment
pas toutes mes productions depuis que j'ai
montré que l'abus de la liberté avoit produit beaucoup de mal ? Vous me connoissez
bien peu. J'étois l'apôtre d'une douce liberté
dans le temps même du despotisme. Mais
véritable Françoise, j'idolâtre ma patrie : j'ai
tout sacrifié pour elle ; je chéris au même
degré mon roi, et je donnerois mon sang
pour lui rendre tout ce que ses vertus et sa
tendresse paternelle méritent. Je ne sacrifierois ni mon roi à ma patrie, ni ma patrie
à mon roi, mais je me sacrifierois pour les
sauver ensemble, bien persuadée que l'un
ne peut exister sans l'autre. On connoît
l'homme, dit-on, par ses écrits. Lisez-moi,
Monsieur, depuis ma *lettre au peuple* jusques à ma *lettre à la nation*, et vous y reconnoîtrez, j'ose m'en flatter, un cœur et
un esprit véritablement François. Les partis
extrêmes ont toujours craint et détesté mes
productions. Ces deux partis, divisés par des
intérêts opposés, sont toujours démasqués
dans mes écrits. Mes maximes invariables,
mes sentimens incorruptibles, voilà mes
principes. Royaliste et véritable patriote,
à la vie à la mort, je me montre telle que je
suis.

Puisque j'ai le courage de signer cet écrit, montrez-vous de même, et vous obtiendrez mon estime qui n'est pas peut-être indifférente pour un galant homme : car je l'accorde aussi difficilement que Jean-Jacques. Je puis m'élever jusqu'à ce grand homme par la juste défiance qu'il eut des hommes : j'en ai peu rencontré de justes et de véritablement estimables. Ce n'est pas de légers défauts que je leur reproche ; mais leurs vices, leur fausseté et leur inhumanité exercées sans remords sur les plus foibles. Puisse cette révolution régénérer l'esprit et la conscience des hommes, et reproduire le véritable caractere François ! Deux mots encore, je vous prie.

Je ne suis point instruite comme il vous a plu de m'en accorder la gloire. Peut-être un jour mon ignorance attachera quelque célébrité à ma mémoire. Je ne sais rien, Monsieur ; rien, vous dis-je, et l'on ne m'a rien appris. Eleve de la simple nature, abandonnée à ses seuls soins, elle m'a donc bien éclairée, puisque vous me croyez parfaitement instruite. Sans connoître l'histoire de l'Amérique, cette odieuse traite des negres a toujours soulevé mon ame, excité mon indignation. Les premieres idées dramatiques que j'ai déposées sur le papier, furent en faveur de cette espece d'hommes tyrannisés avec cruauté depuis tant de siecles. Cette foible production se ressent peut - être un peu trop d'un début dans la carriere dramatique. Nos grands hommes mêmes n'ont pas tous commencé comme ils ont fini, et un essai mérite toujours quelqu'indulgence. Je puis donc vous attester, Monsieur, que les amis des noirs n'existoient pas quand j'ai conçu ce sujet, et vous deviez plutôt présumer, si la prévention ne vous eût pas aveuglé, que c'est peut être d'après mon drame que cette société s'est formée, ou que j'ai eu l'heureux mérite de me rencontrer noblement avec elle. Puisse-t-il en former une plus générale, et l'entraîner plus souvent à sa représentation ! Je n'ai point voulu enchaîner l'opinion du public à mon patriotisme : j'ai attendu avec patience son heureux retour en faveur de ce drame. Avec quelle satisfaction je me suis entendu dire de toute part, que les changemens que j'avois faits répandoient sur cette piece un grand intérêt qui ne pourra que s'augmenter, quand le public va être instruit que, depuis quatre mois, j'ai dédié cet ouvrage à la nation, et que j'en ai consacré le produit a la caisse patriotique ; établissement dont j'ai présenté le projet dans ma *lettre au peuple*, publiée depuis dix-huit mois ! Cette priorité m'autorise peut-être, sans vanité, à m'en regarder comme l'auteur. Cette brochure fit beaucoup de bruit dans le temps, fut de même critiquée, et le projet qu'elle offroit n'a pas été moins réalisé avec succès. Je devois vous instruire, ainsi que le public, de ces faits qui caractérisent l'amour que j'ai pour le véritable caractere François, et les efforts que je fais pour sa conservation.

Je ne doute pas que la comédie ; touchée de ces actes de zele , ne conspire à donner des jours favorables (1) à la représentation de ce drame, auquel je ne puis me dissimuler qu'elle s'intéresse infiniment. Elle m'en a donné des preuves que je ne puis révoquer en doute. L'auteur , la comédie et le public contribueront ensemble , en multipliant leurs plaisirs , à grossir les fonds de la caisse patriotique qui peut seule sauver l'état , si tous les citoyens reconnoissent cette vérité.

Je dois encore observer que dans ces représentations patriotiques , plusieurs personnes ont payé souvent au-dessus de leurs places. Si celle-ci produit la même disposition de cœur , il faudra distinguer les profits de la caisse patriotiques des droits de la comédie. Une liste exacte , remise à la nation de la part des comédiens , donnera la preuve de l'ordre et du zele de ces nouveaux citoyens.

J'espere , Monsieur, et j'ose m'en flatter , que d'après les éclaircissemens que je vous donne sur *l'esclavage des negres* , vous ne le poursuivrez plus , et que vous deviendrez au contraire le zélé protecteur de ce drame ; en le faisant même représenter en Amérique,

---

(1) Chacun sait que lorsque les comédiens ne prennent pas à un auteur tout l'intérêt possible, ils ne lui accordent pour la représentation de son ouvrage, que les mauvais jours, c'est-à-dire , les mardis, jeudis et vendredis , et encore ne représentent-ils le plus souvent qu'avec des pieces usées , et peu susceptibles d'attirer le soncours et l'affluence.

il raménera toujours les hommes noirs à leurs devoirs , en attendant des colons et de la nation françoise l'abolition de la traite , et un sort plus heureux. Voilà les dispositions que j'ai montrées dans cet ouvrage. Je n'ai point prétendu , d'après les circonstances , en faire un flambeau de discorde, un signal d'insurrection ; j'en ai , au contraire , depuis, adouci l'effet. Pour peu que vous doutiez de cette assertion , lisez , je vous prie, l'*heureux naufrage* imprimé depuis trois ans ; et si j'ai fait quelqu'allusion à des hommes chers à la France , ces allusions ne sont point nuisibles à l'Amérique. C'est ce dont vous serez convaincu à la représentation de cette piece , si vous voulez me faire l'honneur d'y venir. C'est dans ce doux espoir que je vous prie de me croire, Monsieur , malgré notre petite discussion littéraire , suivant le protocole reçu , votre très-humble servante ,

DEGOUGE.

Paris, le 18 janvier 1790.

POST-SCRIPTUM.

J'aurois cru me compromettre , si j'avois répondu dans le corps de cette lettre à toutes les ordures qu'un infâme libelliste vient de répandre sur mon compte dans sa feuille mercenaire. Il me suffit de rappeller au public , pour confondre cet abominable calomniateur, *la lettre écrite à M. le duc d'Orléans* , *La motion* , ou *séance royale*. Le public reconnoîtra que j'employai auprès de ce prince la voix de l'honneur pour le ramener à son devoir , s'il s'en étoit écarté ; mais en même-temps ces écrits le démasquoient, s'il étoit coupable. J'ignore s'il l'est en effet, mais ce dont je suis convaincue, c'est que mon fils a été sacrifié et vient de perdre sa place dans la maison de ce prince. Voilà ma justification.

— 9 —

LETTRE

AUX

PHILANTROPES,

Sur les malheurs, les droits et les réclamations des Gens de couleur de Saint-Domingue, et des autres îles françoises de l'Amérique;

PAR M. GRÉGOIRE,

Curé d'Embermenil, Député du Département de la Meurthe.

———————

A PARIS,

Chez
{ BELIN, libraire, rue Saint-Jacques, près St. Yves;
DESENNE, libraire, au Palais-Royal;
BAILLY, libraire, rue St-Honoré, barrière des Sergens;

Et au Bureau du PATRIOTE FRANÇOIS, place du Théâtre Italien.

———————

OCTOBRE 1790.

LETTRE

AUX PHILANTROPES.

LE 12 octobre 1790, doit être une époque à jamais
funèbre dans les fastes de l'histoire : à son retour pério-
dique, la liberté, l'humanité, la justice seront en deuil,
et la postérité, étonnée ou indignée, se rappelera qu'à
pareil jour une partie de la nation fut immolée aux préjugés, à la cupidité de l'autre. Ce ne fut point une Saint-
Barthelemi, mais quel est le plus humain, celui qui
m'ôte en un moment la vie et ses peines, ou celui qui
me la prolonge, en me ravissant tout ce qui peut la rendre
supportable ?

L'esclavage des Ilotes est une tache ineffaçable à la
mémoire des Spartiates. Lacédémone, à cet égard, devoit-
elle trouver en France des imitateurs ? N'imputons point
à l'assemblée nationale, mais à ceux qui l'ont induite en
erreur, l'asservissement de nos frères, consacré d'une
manière solemnelle. On décide, (chose inouie chez toutes
les nations !) qu'il ne sera rien changé à l'état des personnes dans nos îles, que sur la demande des colons ; c'est-
à-dire, que l'on n'extirpera les abus que sur le vœu de ceux
qui en vivent, qui en sollicitent la prolongation ! c'est-à-
dire, que les droits éternels des hommes seront subordon-
nés à l'orgueil, à l'avarice ! c'est-à-dire, qu'ils seront

A

jouets de l'oppression , jusqu'à ce qu'il plaise à leurs despotes d'alléger leur sort !

Cet étrange décret est prononcé, presqu'à l'unanimité, par les représentans du peuple françois , au moment où ils s'applaudissent d'avoir foudroyé la tyrannie, reconquis la liberté ; et comme si l'on eût craint la lumière, dans une affaire de si haute importance , un autre décret, précédant celui-ci , avoit empêché qu'on n'ouvrît la discussion.

Celui du 16 août dernier , relatif aux troubles de Nancy , avoit été rendu de la même manière ; et ses tristes résultats auroient bien dû garantir d'une précipitation enthousiaste. Si les réclamans n'avoient rien de sage à présenter , le décret n'en souffroit aucune atteinte ; et, dans le cas contraire , quelles terribles conséquences à tirer ! On n'a pas voulu nous entendre (1) ; mais jamais on n'étouffera la voix de ceux dont le caractère intrépide s'irrite contre les obstacles , et qui , voués au soutien des droits des hommes , monteroient sur l'échafaud pour les défendre. Les membres du corps législatif doivent l'exemple du respect à ses décisions ; mais le devoir d'obéir n'ôte pas le droit de raisonner. L'assemblée nationale ne prétend pas dominer les confiances ; ce seroit, d'ailleurs, une entreprise qui excéderoit les forces humaines. Ainsi, quiconque croit rectifier une erreur, proposer un mieux, acquitte une dette envers la patrie, et son zèle , fût-il erroné , seroit encore louable.

J'établirai que, par son décret du 12, l'assemblée nationale, manque, 1°. à ses promesses, 2°. à ses principes,

---

(1) MM. Pétion, Mirabeau et moi, avons inutilement demandé la parole.

3°. à la justice , 4°. à l'humanité. Il sera plus aisé de me censurer que de répondre. Ensuite , je prouverai que le décret est impolitique. Ceci s'adresse à ceux qui , composant avec les principes les plus inflexibles , croient que l'intérêt est tout , et la justice rien. Mais auparavant , donnons quelques détails certains sur les sang-mêlés , nommés aussi mulâtres ou gens de couleur.

Ils sont environ 40 mille dans nos îles de l'Amérique , toujours plus attachés au sol que les colons blancs , dont les yeux se tournent sans cesse vers la métropole , et qui se hâtent de faire fortune pour repasser en France.

Les sang-mêlés sont libres ; il ne s'agit point encore des esclaves , que , par bonté pour eux , il ne faut peut-être conduire que graduellement à la liberté. Les droits de l'homme , concédés brusquement à ceux qui n'en connoissent pas les devoirs , pourroient devenir un présent funeste. J'insiste sur le mot *libres* , appliqué aux gens de couleur , parce que toutes les fois qu'on veut faire entendre en leur faveur l'accent de l'humanité , des Cannibales , pour faire diversion , égarer l'opinion , effrayer la pusillanimité , crient qu'on veut faire égorger tous les blancs , en affranchissant les Nègres , dont il n'est pas question , dont la cause n'a rien de commun avec celle des mulâtres. Et combien , depuis le décret , viennent niaisement me dire : « Je croyois que vous vouliez proposer l'abolition de l'esclavage ». Croire sans savoir , c'est sottise ; dire le contraire de ce qu'on sait , c'est perversité : vous choisirez. Eh bien , je vous l'assure , tel de mauvaise foi , qui vient de lire cette tirade , est prêt à répéter la même imposture.

Les sang-mêlés possèdent le tiers des fonds territoriaux.

Croiroit-on que, dans un ouvrage, imprimé cette année au Cap-François, un magistrat propose de leur ôter toute propriété immobiliaire, et de les réduire à une pension modique, pour *les contraindre à servir les blancs ?* Ce sont les termes de l'auteur (1).

Les sang-mêlés, étant indigènes, sont acclimatés. Cette race croisée, partant robuste, est regardée, depuis long-temps, comme le plus ferme appui de la colonie contre l'insurrection des Nègres et le marronage (2). Quand dernièrement des dissensions intestines divisoient les blancs, qui a maintenu la sûreté publique et contenu les esclaves dans la subordination ? En temps de guerre, ils gardent les côtes. On sait quel courage ils ont déployé à Pensacola, à Savannah. Et quand, à la Martinique, on proposoit à M. de Damas de les désarmer, il s'y refusa, en citant avec éloge leur bravoure et leur fidélité.

Leur fidélité ! il falloit qu'elle fût bien reconnue, pour obtenir le témoignage éclatant que leur rend Hilliard d'Auberteuil (3). L'assemblée générale de Saint-Marc, qui

---

(1) Idées sommaires, par M. de Beauvois, conseiller au Cap, etc. p. 13.

(2) Voyez la note de l'article *mulâtre*, dans l'Encyclopédie.

(3) Considérations sur l'état présent de la colonie françoise de Saint-Domingue. Paris, 1777, par M. Hilliard d'Auberteuil. C'est ici le cas de dire ce que je viens d'apprendre sur la fin tragique de cet écrivain. Vers la fin de l'année dernière, ayant été soupçonné de préparer un mémoire en faveur des sang-mêlés, il fut conduit, sur un bâtiment du roi, qui étoit en rade, au Port-au-Prince. Après avoir langui deux mois dans la fosse aux Lions, on l'en sortit mourant, pour le remettre à terre, où bientôt il expira.

tendoit, dit-on, à l'indépendance des colonies, vouloit associer les sang-mêlés à ses projets ; elle vouloit, de plus, qu'ils jurassent envers les blancs respect et soumission. Qu'arrive-t-il ? le serment civique, profané par cette clause insolente, est surpris ou extorqué à plusieurs : les autres le rejettent courageusement. Ils s'empressent d'adresser à M. de Peynier leur protestation d'attachement à la mère patrie, et prouvent par-là qu'ils sont dignes des droits de cité, auxquels ils aspirent, pour en faire un bon usage. Toutes les lettres qu'ils m'ont écrites respirent le même esprit. Il suffira d'en citer une :

« Nous n'avons senti aucun agrément des décrets sur
» les colonies. Vous aviez prévu l'interprétation qu'on en
» feroit ; mais Dieu nous est témoin que l'injustice ne
» corrompra pas nos cœurs, et que nous conserverons
» toujours, pour la nation et pour notre bon roi, cette
» fidélité qui nous est naturelle. Pourquoi avoir voulu nous
» laisser au jugement de nos ennemis, etc. ? »

J'arrive à mes preuves.

1°. Par son décret du 12, l'assemblée nationale manque à sa promesse. Le 22 octobre 1789, la députation des sang-mêlés, admise à la barre, y lut son adresse ; on lui répondit : *Aucune partie de la nation ne réclamera vainement ses droits auprès de l'assemblée des représentans de la nation, etc.* A-t-on tenu parole ? Il fut décrété qu'on rendroit compte à l'assemblée de leur pétition. Dans dix ou douze séances du comité de vérification, elle a été discutée contradictoirement avec les colons blancs (1) ; et parce que l'avis

____

(1) J'invoque le témoignage de mes collègues au codu comité étoit favorable aux sang-mêlés, on a si bien manœuvre, que le rapport n'a pas été fait à l'assemblée nationale.

---

mité de vérification. La plupart de MM. les colons blancs ne nous ont-ils pas dit et répété, que les gens de couleur avoient le droit d'assister aux assemblées paroissiales, que rien ne les en empêchoit, qu'ils en avoient vu voter à côté d'eux, ecr. ? Et cependant tous leurs efforts sont dirigés contre cette demande des gens de couleur ; et malgré l'évidence du sens de l'article 4 de l'instruction sur les colonies, quand les trois départemens de Saint-Domingue se sont concertés pour le plan de convocation de l'assemblée coloniale, ils ont repoussé les sang-mêlés, par l'article 9, que voici textuellement :

« Ainsi qu'il a *toujours été pratiqué*, les mulâtres, nègres » et autres gens de couleur libres, ne seront point admis » à voter dans les assemblées paroissiales, etc. » Conciliez tout cela. *Et eris mihi magnus Apollo.*

Les colons blancs qui, dans la liberté, veulent trouver le droit d'enchaîner celle des autres, ont toujours caché aux sang-mêlés les efforts que l'on faisoit à l'assemblée nationale pour soustraire cette classe outragée aux humiliations dont on l'abreuve, à l'opprobre dont on la couvre. La gazette du Port-au-Prince, numero 19, rendant compte de nos séances, par une rétiçence dont le motif n'est pas équivoque, glisse très-légèrement sur ce que je dis à la séance du 3 décembre, quand il fut question de créer un comité colonial ; elle énonce seulement que MM. l'abbé Grégoire, Clermont Lodève et Charles Lameth, ont parlé diversement sur les questions accessoires, et sur la question principale ; et voici le fin mot : c'est que je voulois, qu'avant de décréter l'établissement d'un comité, on jugeât l'admission des citoyens de couleur, dont je peignis la situation affligeante. M. Charles Lameth, grand propriétaire de Saint-Domingue, déclara qu'il préféreroit de tout perdre plutôt que de mécon-

2°. L'assemblée nationale contredit ses principes. J'ouvre cette célèbre déclaration des droits, qui assure à tous les hommes le patrimoine inaliénable de la liberté, qui sera toujours l'épouvantail des tyrans, et l'écueil où viendront se briser toutes les prétentions des oppresseurs. Oseriez-vous dire que les *blancs seuls* naissent et demeurent libres et égaux en droits ? Pourriez-vous localiser cette morale, qui embrasse toutes les régions comme tous les âges ? Au lieu de biaiser sur les expressions, dans un décret qui signifie évidemment la traite, la dignité du corps législatif n'exigeoit-elle pas qu'il prononçât avec clarté, et fît exécuter avec fermeté ? M. Barnave nous assuroit, le 12, que jamais l'assemblée n'avoit entendu rien changer à l'état des personnes sans l'aveu des colonies ; et moi je lui soutiens que lorsqu'à la séance du 28 mars j'insistai pour que les gens de couleur fussent désignés nominativement dans l'article 4 de l'instruction, un très-rand nombre de voix, plusieurs colons, et M. Barnave, qui professe actuellement une autre doctrine, s'empressèrent de déclarer qu'ils regardoient l'article comme prononçant d'une manière irréfragable les droits des sang-mêlés, comme leur assurant la plénitude des avantages de citoyens ; et vainement les colons blancs ont voulu démentir cette vérité ; M. Garat, dans le jour-

---

noître les principes que la justice, l'humanité et la vérité éternelles ont consacrés ; il se déclara pour l'admission des députés de couleur, et même il desiroit qu'on préparât l'abolition future de l'esclavage. Je prie l'opinant de rapprocher son avis du 3 décembre, avec tout ce qu'il me dit près la tribune le 28 mars, lorsqu'il craignoit si fort, que sur ma demande, on ne désignât nominativement les sang-mêlés dans l'article 4 de l'instruction sur les colonies.

nal de Paris, leur a répondu victorieusement, en prouvant cette assertion jusqu'à l'évidence.

Encore un mot à M. Barnave. Après avoir dit que jamais il ne fut dans les vues de l'assemblée de rien statuer sur l'état des personnes que sur le vœu de la colonie, il assure que l'assemblée nationale se propose de le *décréter constitutionnellement*. L'assemblée nationale n'en a pas le droit, et je le prouve. La constitution est la distribution des pouvoirs politiques ; mais l'état des personnes, leur égalité, leur liberté sont hors de la constitution, antérieurs à la constitution. L'assemblée nationale peut reconnoître ces droits, les déclarer, en assurer l'exercice ; mais ce que nous tenons immédiatement de Dieu, ce qui est dans l'ordre essentiel des lois de la nature ne peut être l'objet d'un décret. Les hommes ont droit d'exercer leur liberté comme ils ont droit de manger, dormir, etc. Ainsi, la proposition citée renferme une absurdité.

3°. Ce qu'on vient de lire établit clairement l'injustice du décret, et ce qui suit n'est que surabondance de raisonnement. Le code noir ou édit de 1685, registré à Saint-Domingue, articles 57 et 59, veut qu'en tout les mulâtres libres soient assimilés aux blancs. Ils invoquent cette loi, que vous n'avez point abrogée, et qui est inconciliable avec le décret du 12. Les blancs se plaignent amèrement des attentats du despotisme ministériel à leur égard, et ils veulent interdire aux sang-mêlés de trop justes plaintes, appesantir leur joug, traiter leurs soupirs comme des cris de rebellion ; et des hommes dont le crime est de vouloir goûter les fruits d'une liberté que la loi leur assure, sont livrés à la merci de ceux qui, contr'eux, sont juges et parties.

Ou

Ou les sang-mêlés sont une portion intégrante de l'empire françois, et alors ils doivent être citoyens, ou ils sont un peuple étranger, et alors en guerre contre leurs despotes ; ils ne peuvent jamais être rebelles. N'avez-vous pas consacré le principe que la résistance à l'oppression est légitime ? François, je vous interpelle ; avec le sentiment de la dignité de l'homme, la connoissance de vos droits, la certitude de votre supériorité, en pareil cas, que feriez-vous ?

4°. Le décret du 12 est contraire à l'humanité. Si votre ame n'est pas fermée à la pitié, écoutez les sanglots de quarante mille malheureux dont les droits sont inconcussibles, dont les maux sont incontestables. Dans mon premier ouvrage, j'ai accumulé des faits bien capables d'attendrir sur leur pénible existence : quel affreux supplément on pourroit y joindre !

Législateurs, vous avez prononcé le droit d'émigrer, et dans la colonie on leur défend de sortir de leurs paroisses sans permission ; et les planteurs blancs, concertés avec nos armateurs, empêchent les sang-mêlés de retourner à leurs foyers ; on refuse de les embarquer pour les isles. Approchent-ils de la côte ? on les empêche d'aborder, ou du moins on les rembarque incontinent ; leurs lettres sont interceptées ; on tâche de rompre toute communication entre ceux de la colonie et ceux qui sont en France, afin que ceux-là ignorent complettement les efforts que l'on fait ici en leur faveur, et que ceux-ci soient réputés des aventuriers. Exposées à tous les mépris, à tous les outrages, récemment encore, on a vu des filles de couleur arrachées à leurs familles, par des blancs, pour assouvir leur exécrable lubricité. Les sang-mêlés oseront-ils se plaindre, quand la plainte est un crime, et que le style le plus respectueux paroît encore attentatoire à la dignité des blancs ? Parleront - ils de leurs droits ? M. de la Chevalerie, président de l'assemblée de Saint-Marc, appele cela un *dé-règlement d'idées* (1). Tous les citoyens ont droit de s'assembler pour traiter de leurs affaires ; et, à force ouverte, on dissipe les gens de couleur, assemblés paisiblement pour concerter leurs demandes. Quiconque oseroit défendre leur cause, risqueroit d'être massacré, ou, tout au moins, de voir ses possessions ravagées. Après avoir égorgé M. Ferrand de Baudières, sénéchal du Petit-Goave, parce qu'il avoit réclamé en faveur des sang-mêlés, on promenoit sa tête sur une pique ; et, par une perfidie satanique, on corrompoit les Nègres, pour les engager à trahir leurs maîtres; et une proclamation publique promettoit de l'argent et la liberté à tout esclave qui tueroit un des 27 mulâtres proscrits, pour s'être trouvés à une assemblée près de la petite rivière ; et le jour de la Fête-Dieu, on égorgeoit, à la Martinique, quatorze sang-mêlés, fidèles au drapeau de la patrie. J'ai vu des infortunés de cette classe à la galerie, le jour où l'on prononça leur nullité civile, leur réprobation politique ; ils fondirent en larmes, quand ils ouïrent ce préambule de décret, qui laisse des millions de victimes sous le glaive des sacrificateurs ! Et l'on ose parler de justice, de religion, de charité !

5°. J'ajoute que le préambule du décret est impolitique ; et d'abord, son obscurité peut être une pomme de discorde.

____

(1) Voyez son discours, lors de son installation à la place de président.

Il déclare que rien ne sera changé à l'état des personnes, que sur le vœu de la colonie. Et qui émettra ce vœu ? Qu'est-ce que la colonie ? Les blancs partiront de là pour exclure les sang-mêlés ; mais ceux-ci sont colons dans toute la force du terme, légalement libres, et conséquemment fondés à croire que le décret n'exclut que les esclaves. Qu'est-ce donc qu'une loi dont le texte amphibologique offre des germes de division ?

Je répète ce que j'avois imprimé précédemment, et qu'on s'est dispensé d'attaquer, que des convenances politiques ne doivent pas fléchir la rigueur de cette morale invariable, émanée de Dieu, qui est la même pour les nations et les individus ; que la vertu seule, dans les empires, est un point fixe, et que leur stabilité, leur bonheur, résultent de l'heureux accord des principes politiques avec ceux de la justice. Mais il y a peu d'hommes, et les hommes seuls peuvent goûter ces vérités précieuses! Oublions donc que c'est ici la lutte de la cupidité contre la justice. Faisons, s'il est possible, momentanément, abstraction de cette justice, et ne parlons que le langage d'une politique enfantée par des passions, toujours abjectes, toujours atroces, qui se jouent de l'existence des hommes (1).

Les colons blancs nous disent que l'intérêt général s'oppose à la demande des sang-mêlés. Ceux-ci assurent le contraire ; et ces deux classes d'hommes étant à peu-près égales en nombre, ce conflit d'autorités les détruit respectivement. Ajoutons cependant que s'il falloit compter les

______

(1) Se *jouer de l'existence des hommes* est bien le terme propre : on fait quelquefois des loteries d'esclaves, et le sort leur donne un maître.

suffrages, les sang mêlés y joindroient ceux d'une portion de blancs qui n'ont point abjuré les vrais principes. Mais le martyre de M. Ferrand de Baudières est bien capable d'effrayer les apôtres de l'humanité. J'ignore même comment a pu échapper à la proscription M. de Saint-Olympe, président de l'assemblée de la *Croix-des-Bouquets*. Dans une circulaire, adressée aux 52 paroisses de l'île, et qu'on a eu la gaucherie de lire à la séance du 12, il s'exprime ainsi :

« Avant que l'énergie nationale eût ressuscité les droits » primordiaux de *tous* les hommes de l'abyme profond » dans lequel ils sembloient être ensevelis pour les » François, la saine politique avoit fait appercevoir aux » habitans de Saint-Domingue la nécessité de ne former » qu'*une seule classe de citoyens*, pour opposer une résistance » ferme et constante à l'ennemi domestique, dont les » forces naturelles sont en si grande disproportion des » nôtres ; Saint-Domingue donnoit à l'univers le spectacle » extraordinaire de l'union, commandée par la politique, » qui par-tout ailleurs divise en créant des distinctions ».

Le monde politique va certainement prendre une nouvelle face. Le volcan de la liberté allumé en France, amènera bientôt une explosion générale, et changera le sort de l'espèce humaine dans les deux hémisphères ; l'intérêt de la colonie et de la métropole, leur sûreté au dedans et au dehors, exigent que toutes les forces aient une même tendance : c'est l'histoire du faisceau dont un père mourant offroit l'emblême à sa famille. Mais le sein de nos îles recèle et couve des germes destructeurs. C'est toujours une détestable politique d'avilir une partie du peuple, au lieu de l'intéresser au maintien de l'ordre.

N'est-ce pas l'oppression exercée sur les soldats , qui , en causant l'insurrection des régimens , a failli entraîner la dissolution de l'armée de ligne ? Ce seroit une grande erreur d'imaginer que les colonies puissent conserver long-temps cet état de contrainte qui violente la nature ; il faudroit , pour cela , bien peu connoître la marche des choses humaines ; et cette opinion se fortifie par les considérations suivantes.

Les sang-mêlés voient arborer par-tout cette cocarde , qui , suivant la prédiction , doit faire le tour du monde ; ils voient promener avec pompe l'étendart de la révolution ; et croit-on que le cri de la liberté , qui retentit sans cesse à leurs oreilles , ne réveillera pas dans leurs cœurs le sentiment de leurs droits ? Joignez - y celui de leurs forces , dont l'accroissement progressif est prodigieux. Je ne citerai qu'un fait. En 1779, il y avoit à Saint - Domingue 7055 gens de couleur (1) ; en 1787 , on en comptoit 19632 (2). Ainsi , dans un laps de huit ans , voilà une population plus que doublée ; tandis que , suivant M. Moheau , la France offre à peine un neuvième d'augmentation dans une période de 72 ans.

Bornerez - vous cette population , dont l'accroissement futur a pour caution certaine le libertinage effréné d'un grand nombre de blancs ? L'industrie des mulâtres , les fruits de leur industrie , suivront les mêmes gradations.

____

(1) Administration des finances par M. Necker , tome 1, chap. 13.

(2) Relevé fait à Saint-Domingue , et déposé dans les bureaux de la marine.

Dans la crainte d'un soulèvement, désarmerez-vous toutes les milices de couleur et les maréchaussées ? Il faudra alors les remplacer, et les contenir par des envois multipliés de troupes, destinées à faire constamment tout le service, dans un climat brûlant, qui dévore les Européens efféminés et les Nègres excédés.

Qui peut nous dire si la caste dégradée, poussée au désespoir, n'appelera pas la force au secours de la justice, si les mulâtres ne feront pas cause commune avec les Nègres, contre ceux vers qui l'amour filial ou l'habitude du respect, les eût portés sans effort ? Le parti le plus doux pour eux ne sera-t-il pas de passer chez l'Espagnol, qu'ils avoisinent, et chez qui la diversité des nuances du teint n'entraîne pas des distinctions civiles ? Déjà plusieurs ont adopté ce parti, et je vous donne pour fait certain, car j'en ai les preuves, que si les injustices des blancs n'ont un terme prochain, beaucoup de sang-mêlés se proposent d'abandonner une contrée où le soleil n'éclaire que leurs douleurs, et de porter ailleurs leur industrie et leurs richesses.

Ne redoutez-vous pas, en outre, la coalition des sang-mêlés et d'une partie des blancs, qui visent à l'indépendance, avec d'autres qui, devant immensément à la métropole, saisiroient avidement une occasion de se libérer sans payer ? L'aigreur, l'ambition des uns, l'improbité des autres, ne fomenteront-elles pas des troubles, pour amener une scission, dont les résultats seroient incalculables ? Qui sait si des puissances rivales ne profiteront pas de ce choc intérieur, pour se porter en force sur les colonies ? Un passage imprimé récemment dans le *Morning-post*, est bien propre à donner l'éveil ; et j'entends mettre en question, si déjà des agens secrets n'ourdissent pas la trame qui doit amener une rupture éclatante , dont ensuite ils rejetteront perfidement l'odieux sur les défenseurs de l'humanité.

C'est ici le cas de relever une fourberie , dont la honte appartiendra à qui de droit. L'assemblée provinciale du Nord envoie une adresse à l'assemblée nationale : j'en ai diverses éditions , faites, les unes à Saint-Domingue, les autres en France. Quel est le faussaire qui, dans les éditions faites en France , a retranché divers passages , dont l'effet infaillible eût été de révolter les patriotes ? En voici quelques citations : « A Dieu ne plaise que nous entendions » vous dénoncer nos frères et nos défenseurs (*les membres* » *de l'assemblée de Saint-Marc*) ; nous rendons justice à leurs » vues , *nous les partageons.* . . . . . Ils ne peuvent avoir » en vue que le bien de la colonie. — Mais avant d'enta- » mer le nouveau *pacte,* qui doit lier à jamais Saint- » Domingue à la France , etc. » Et le mot *pacte,* qui annonceroit des provinces fédérées , est répété en divers autres passages également supprimés. Mais je prie le lecteur de s'arrêter sur celui-ci , qui est important : « Si la division » subsiste , elle peut mener à une guerre intestine ; si » l'assemblée générale propage des idées qui ne sont » absolument étrangères à aucun individu , la réunion » peut entraîner une scission absolue avec la France , qui » ne sera *que trop sûrement soutenue* ». Et c'est pourtant à cette assemblée , qui a tenu un langage si séditieux, qu'on a fait voter des remercimens par l'assemblée nationale, qu'elle outrageoit !

Puissé-je être faux prophète ! Mais si mes frayeurs étoient justifiées par l'événement , je n'aurois point à me reprocher de n'avoir pas appelé l'attention sur ces considérations majeures. N'est-il donc pas évident que, si l'orgueil vouloit abjurer ses prétentions, la classe des citoyens, devenue plus nombreuse, rendroit celle des esclaves moins formidable ? Les sang-mêlés et les blancs, étant rapprochés par les mêmes intérêts, les mêmes avantages, la masse de leurs forces combinées assureroit plus efficacement la tranquillité des colonies. Tenez pour certain que, tôt ou tard, l'énergie comprimée des mulâtres se relèvera avec une violence irrésistible. Ce repos contraint des opprimés, ne peut avoir d'autres bornes que le temps de leur foiblesse : apathie dangereuse ! silence effrayant du malheur ! qui ne se rompt ordinairement que par un élan tumultueux vers la liberté !

A ce qu'on vient de lire, voyons ce qu'opposent nos antagonistes.

1°. L'assemblée nationale, disent-ils, ne connoît pas l'état des colonies. En concluent-ils qu'il faille les en croire aveuglément ? Les sang-mêlés, partant du même point, infèrent le contraire. S'agit-il des principes ? Il seroit absurde de prétendre qu'il faut avoir habité une contrée, pour saisir des vérités indépendantes des temps et des lieux. S'agit-il de faits ? Pourquoi les planteurs blancs auroient-ils le privilège exclusif de nous les manifester ? Ils pérorent à merveille, pour dévoiler l'oppression ministérielle qui pesoit sur eux ; mais vous ont-ils jamais dit un mot des vexations odieuses qu'ils exercent contre les mulâtres, des atrocités exercées contre les défenseurs des mulâtres ? Les lâches assassins de M. Ferrand de Baudières sont responsables de ce crime à la nation, à l'univers, à l'Eternel. Pour combler la mesure, il ne s'agit plus que de

bâtir

bâtir un roman, dans lequel on supposeroit que le défunt étoit un conspirateur.

2°. Jamais, dit-on, la colonie ne sacrifiera le préjugé de la couleur. Sans doute il y a d'étranges préjugés dans un pays où le mariage d'un blanc avec une mulâtresse le déshonore, tandis qu'il n'est pas déshonorant de vivre avec elle dans un concubinage grossier. Il est avoué que la flétrissure imprimée à la couleur, est la principale cause de la dissolution qui règne dans les colonies. Sommes-nous donc venus ici pour pactiser avec les abus ? et l'assemblée nationale, qui décrète que l'infamie d'un supplicié ne rejaillira point sur ses proches, malgré le préjugé général, ne peut-elle pas, ne doit-elle pas extirper celui-ci ?

3°. Mais les gens de couleur tiennent de nous leur liberté. Je vous demande si, à côté d'un acte de bienfaisance et de justice, on doit jamais placer les humiliations. Observons d'ailleurs que le très-grand nombre possède la liberté à titre héréditaire, et lorsqu'un marchand de chair humaine, arrivé de la côte, vous vend un esclave qui méritera d'être affranchi, vous transmet-il des droits imprescriptibles sur toute sa postérité ?

4°. Mais les gens de couleur peuvent compter sur nos bontés, ce sont nos enfans. Vos enfans ; et le cœur paternel les repousse ! Nous adoucirons, dites-vous, leur sort. Est-ce le passé ou l'avenir, que vous offrez pour garant ?

Articulez nettement vos intentions, prétendez-vous composer avec eux ? ils refusent la capitulation ; voulez-vous les faire monter au rang de citoyens, les associer à tous les avantages de citoyens ? Pourquoi cet acharnement contre ceux qui tentent d'opérer cette bonne œuvre ? pourquoi vouloir courber sous le joug, sans les entendre, des hommes qui ne veulent pas anticiper sur vos droits, mais jouir de ceux que leur assurent la nature et la loi (1) ?

A défaut de raisons, les colons blancs sèment des terreurs paniques; tantôt ils nous disent qu'un décret en faveur des mulâtres, les feroit tous égorger; ce qui annonce des dispositions fort charitables de la part des blancs; tantôt c'est l'inverse. Vous allez, disent-ils, nous faire massacrer tous. Et par qui, messieurs ? par les noirs; pouvez-vous craindre des hommes que vous nous peignez si heureux sous votre régime, que leur sort est infiniment préférable à celui de nos villageois ? Selon vous, les Nègres se refuseroient à l'échange, ils ne voudroient pas retourner en Guinée, ni même accepter le don de la liberté, par les sang-mêlés. Calomnie grossière : ils ne demandent paisiblement que la rentrée dans leurs droits,

____

(1) Je reçois en ce moment un mémoire intéressant, que m'envoie M. Marneville, capitaine au régiment de Pondichéri; j'y lis ce passage honorable pour les sang-mêlés de nos colonies dans cette partie du monde : « Les » gens de couleur libres, ont réclamé le droit de porter » la cocarde nationale : après beaucoup de difficultés, » la permission leur en a été accordée. Le refus eût » été de toute injustice. Cette espèce d'hommes a rem- » pli, dans tous les temps, les devoirs de bons citoyens, » et de sujets fideles : pendant toute la guerre, ils ont servi » avec zèle sur notre escadre, et par-tout où l'on a voulu » les employer. Au dernier siége de Pondichéry, j'ai été té- » moin de la valeur des Topasses (soldats mulâtres), dont » on avoit formé une troupe particulière. Cette classe in- » téressante est victime d'un préjugé cruel ; mais son sort » est infiniment plus doux dans les colonies françoises, » au-delà du cap de Bonne-Espérance, que dans celles de » l'Amérique ».

et l'accès dans vos cœurs ; mais qui peut nous dire à quel terme les forceront vos duretés ?

Avant de finir, qu'on me permette quelques réflexions sur le sort de ce nouvel écrit. Ou les blancs n'y repondront pas ; et franchement quand la logique est pressante, c'est le parti le plus sage ; on affecte alors un ton dénigrant, qui signifie : *cela ne mérite pas une réfutation* ; et d'après l'axiome de Boileau, on est sûr d'avoir des admirateurs. Ou les blancs tenteront de répondre, et voici un échantillon de leurs preuves, recueillies dans des brochures, des colloques particuliers, et dans l'assemblée, autour de la tribune. « En défendant les mulâtres, vous êtes des fous, des convulsionnaires, des énergumènes, des hommes pétris d'amour-propre » ; et ces éloquentes apostrophes détruisent merveilleusement tous les syllogismes. C'est une heureuse resssource que les calomnies et les injures : j'en atteste celles que j'ai vu pleuvoir sur moi, et que je méprise à l'égal de leurs vils auteurs ; j'en atteste ces pamphlets imprimés contre moi, en France, à Françfort, à Saint-Domingue, pour m'être constitué avocat de causes que je n'abandonnerai jamais : celles des juifs, des Suisses-Fribourgeois, des gens de couleur (1). Je place sur la même

____

(1) Lecteurs, je vous confie, sous le plus grand secret, une anecdote sur mon compte, que les colons blancs sé soufflent à l'oreille : *Il défend les sang mêlés, rien d'étonnant en cela, son frère a épousé une femme de couleur.* Assurément, si j'avois pour belle-sœur une vertueuse métive, je la priserois plus que la presque totalité de vos femmes, dont on vante l'amabilité, mais qui ne savent pas même, sous les dehors d'une pudeur apocryphe, masquer la laideur du vice ; qui réunissent l'effronterie du regard, l'impudence du propos, le cynisme des actions.

Puisqu'on gratifie d'une belle-sœur un homme qui est

ligne les reptiles cachés sous l'herbe et les libellistes sous l'anonyme , pour darder plus sûrement leur venin. Retranchez - vous dans l'ombre , et de-là , criez que les amis des noirs, qui le sont de tous les hommes, sont les ennemis des blancs ; qu'ils sont soudoyés par les Anglois. Peignez-les comme des monstres qu'il faut étouffer , parce qu'intrépidement ils font la guerre aux tyrans : mais , sur-tout , évitez de raisonner; car c'est-là l'écueil. Imitez la prudence de l'assemblée provinciale du nord de Saint-Domingue : dans son adresse , elle impute les troubles des colonies en partie à mon livre sur les gens de couleur. Elle se garde bien de détruire les faits que j'ai énoncés , les principes que j'ai posés ; contente de qualifier mon ouvrage , elle croit , sans doute , qu'une épithète injurieuse est une preuve triomphante.

Non , non , messieurs les colons , cette marche n'est pas loyale ; j'ai pour moi ces maximes sublimes de justice , contre lesquelles s'amortissent tous les outrages , tous les paralogismes. Voulez-vous me combattre ? au lieu d'être lâchement anonymes , montrez-vous à front découvert , n'incidentez pas, ne divaguez pas hors de la question ; attaquez mes principes , descendez dans l'arêne ; je vous

---

fils unique , il n'en coûtoit guères plus de lui composer une famille entière, de lui donner, par exemple, un père Juif , une mère Suisse, etc. Cette dialectique formidable seroit une réfutation victorieuse de tout ce qu'il avance en faveur des malheureux.

Eh ! messieurs les colons, pourquoi vous ingénier à chercher des argumens péremptoires ? Il en est un plus obvie que je m'empresse de vous offrir. Il *défend les sang-mêlés , parce qu'il a reçu d'eux quelques millions*, ainsi *que des Juifs et des Suisses.*

promets de ramasser le gantelet , et de n'être point en demeure pour la réplique.

Au reste , en déduisant mes preuves, je n'ai pas eu la présomption d'opérer des miracles , de convaincre la vanité , d'humaniser la cupidité. Loin de nous cette tourbe d'êtres sans caractère, stupéfaits de trouver en autrui ce saint amour de l'humanité , qui leur paroît une démence insigne ou un sentiment-exagéré. Mais il est encore des ames droites , capables de s'élever à ces grandes vues morales , qu'on désignoit à la tribune comme des spéculations métaphysiques.

Un jour ils seront appréciés , les vrais amis des hommes , qui se croiroient indignes du bonheur , s'ils ne cherchoient à le répartir sur tous leurs frères. Ils ne caressent point les opinions dont on s'engoue ; ils ne fléchissent pas le genou devant les idoles que la mode encense ; ils n'aspirent point à la dictature dans les clubs , pour y exercer le monopole des suffrages, pour y distribuer et recevoir des honneurs, que l'homme sensé repousse , dès qu'ils sont présentés par la main souillée de l'intrigue. N'aspirant qu'à être utiles , bravant les clameurs de la haine , ils s'exposeroient à toutes les vengeances, pour venger ces grands principes d'égalité, de liberté , de justice , que la nature inspire, que la religion consacre , et sans lesquels on voit bientôt les hommes s'avilir et les empires s'écrouler.

— 10 —

LETTRES

DES DIVERSES SOCIÉTÉS

DES AMIS DE LA CONSTITUTION,

Qui réclament les droits de Citoyen actif en faveur des hommes de couleur des Colonies.

Lettre de la Société des Amis de la Constitution de Saint-Etienne à celle d'Angers.

Le 3 avril 1791, et de la liberté l'an 2ᵉ.

FRÈRES ET AMIS,

Vos vues sont trop louables et votre adresse trop remplies du plus pur patriotisme, pour que nous ne nous empressions pas d'y adhérer.

Oui : c'est à un peuple de souverains qu'il appartient de faire jouir de leurs droits les plus sacrés, une classe d'êtres infortunés, qui, quoique propriétaires, ne peuvent participer au doux plaisir d'être citoyens. Ils sont hommes comme nous, et comme nous ils méritent de jouir de tous les droits de la société.

Votre lettre, frères et amis, fait honneur à votre humanité et à votre patriotisme : toutes vos démarches, toutes vos actions ne tendent qu'à un seul but, le bonheur général

Recevez les sentimens de la plus parfaite cordialité, avec lesquels nous sommes,

FRÈRES ET AMIS,

Les amis du club central de Saint-Étienne.

signés, RICHARD, *président*, PIGNON, *secrétaire*.

A

Lettre de la Société des Amis de la Constitution de Montauban à celle d'Angers.

Montauban, le 3o mars 1791, et l'an 2° de notre liberté.

FRÈRES ET AMIS,

Nous avons reçu votre lettre du 9 mars courant, et nous ne pouvons qu'applaudir à votre zèle pour l'humanité. Vous défendez sa cause, en écrivant en faveur des hommes de couleur libres de nos colonies; et votre adresse à l'assemblée nationale, tend à une exécution entière et parfaite de la constitution relativement à la déclaration des droits de l'homme et du citoyen. Nous vous remercions, frères et amis, des instructions que vous nous avez données à ce sujet : nous en avons fait usage; et à votre exemple, nous avons fait une adresse à l'assemblée nationale pour le même objet. Le bien public doit s'opérer de deux manières ; et en arrêtant les entreprises des ennemis de la constitution; et en protégeant ceux qui demandent à jouir de ses bienfaits.

Nous sommes très-sincèrement,

FRÈRES ET AMIS,

Vos très-affectionnés serviteurs, les membres de la société des amis de la constitution.

signés, PATEL, *président*; GAUTIER, *secrétaire*; COMTAU, *secrétaire*; SAINT-GENIÈS, *secrétaire*.

Lettre de la Société des Amis de la Constitution de Bourg en Bresse à celle d'Angers.

Bourg, chef-lieu du département de l'Ain, 17 avril 1791, l'an 2° de notre liberté.

FRERES ET AMIS,

Vous plaidez la cause de nos frères les hommes de couleur libres dans nos colonies, avec trop d'humanité et de justice, pour que la société des amis de la constitution séante dans cette ville, n'aie aussi-tôt pris l'engagement de joindre ses voeux les plus sincères à ceux que vous nous exprimez dans votre lettre du 9 mars dernier, à vos frères de toutes les sociétés patriotiques du royaume.

Vos principes sont si lumineux et dérivent si fort de la déclaration des droits de l'homme et du citoyen, qu'il y auroit à rougir de ne pas les adopter, et de ne pas les représenter sous toutes les formes à nos augustes législateurs. Quoiqu'il nous soit impossible de revêtir vos principes d'un style aussi beau et énergique que celui qui caractérise votre adresse à l'assemblée nationale, la société se fait un devoir de rédiger une pétition selon vos désirs, en faveur des François qui n'ont d'autre démérite que d'être d'une couleur plus foncée que les Européens. . . . . .

Nous sommes très-cordialement,

FRERES ET AMIS,

Les membres du comité de correspondance, au nom de la société.
signés, Loi, *président*; Imbert, *secrétaire*; Bujet, Enjorrans fils.

Lettre de la société des amis de la constitution de Saint-Tropez à celle d'Angers.

Saint-Tropez, le 30 mars 1791, l'an 2ᵉ.

FRERES ET AMIS,

Nous avons reçu votre lettre du 9 mars au sujets des hommes de couleur, elle a retracé, à plusieurs de nos marins qui ont membres de notre société, les vexations dont ils avoient été souvent les témoins dans leurs voyages en Amérique, et tous, nous avons partagé votre sainte indignation; tous, nous avons été pénétrés des maux, qui cause encore l'ignorance du principe sacré de l'égalité des hommes. Ce n'est pas une différence dans leur conformation et dans leur couleur extérieure, qui peut altérer ce principe de la nation, et tous les amis de l'humanité, pénétrés de toute l'étendue de ce principe, gémissent sans doute de voir préparer, même dans ce siecle de lumieres, une transaction dont les negres seront le prix; mais lorsqu'on ne peut obtenir le mieux; il faut au moins se contenter du bien, et si nous ne pouvons rendre la liberté aux negres, n'oublions rien pour la rendre aux gens do couleur : ce sera un triomphe au lieu de deux que nous eussions ambitionnés.

Nous vous adressons l'adhésion de notre société, afin que vous la fassiez passer à l'assemblée nationale.

Nous sommes très-fraternellement,

FRERES ET AMIS,

Les membres de la société des amis de la constitution de S. Tropez.
Signés, TOURNEL, *président* ; THOMÉ , *secrétaire*; BLANNIN, *secrétaire*.

Extrait des registres de la société des amis de la constitution de Saint - Tropez.

Le 27 mars 1791 , l'an II. de la liberté , les membres de la société des amis de la constitution et de la liberté de S. Tropez , se sont réunis dans le lieu ordinaire de leur séance.

M. le président a ouvert la séance , etc.

L'ordre du jour amenant la discussion sur les gens de couleur , l'assemblée ayant oui lecture de la lettre de la société d'Angers , considérant que l'égalité des hommes est un droit imprescriptible , indépendant de leur organisation extérieure , et que ce principe de la nature immuable comme elle, n'a besoin que d'être énoncé , pour être senti de tous les coeurs droits et vertueux, considérant qu'on ne peut rien ajouter à la manière touchante et solide avec laquelle il est développé , dans la lettre de la société d'Angers, et que depuis long-temps les amis de l'humanité gémissent des vexations qu'éprouvent les gens de couleur , a unanimement adhéré de coeur et d'ame à la réclamation de la société d'Angers , et délibéré de lui adresser un extrait de la présente, pour être envoyé à l'assemblée nationale. Collationné conforme à l'original.

Signés , THOMÉ, *secrétaire* ; BLANVIN , *secrétaire*.

Lettre de la société des amis de la constitution de Verneuil à celle d'Angers.

Verneuil, département de l'Eure, 1791 , 18 mars.

FRERES ET AMIS,

Unis de coeur et d'esprit à tous les vrais patriotes , nos principes ne peuvent être différens des leurs. Les droits de l'homme , voilà notre boussole , voilà notre fanal, voilà la règle de notre conduite, voilà ce que nous avons juré de défendre jusqu'au dernier soupir. Nous nous joignons donc avec le plus vif empressement à vous, pour demander que l'assemblée nationale décrète l'activité des hommes de couleur. Nous sentons de quelle importance est ce décret, que nos représentans ne peuvent refuser, sans tomber dans la contradiction la plus monstrueuse. Soyez certains, que vous nous trouverez toujours prêts à concourir de toutes nos facultés au bien général.

Nous sommes avec le dévouement le plus entier,

VOS FRERES ET AMIS,

Les membres de la société séante à Verneuil.

Signés, DARIUS le jeune, *président, homme de loi* ; LAIR, *du comité de correspodance* ; LE BEL, *vice-secrétaire* ; AVENEL, *du comité de correspondance* ; TRAMBLAY, *du comité de correspondance* ; et L. ROTROU, *du comité de correspondance.*

Autre lettre de la même société à celle d'Angers.

Verneuil, département de l'Eure, 9 avril 1791, l'an 2ᵉ de la liberté.

FRERES ET AMIS,

Nous avons lu hier 8, séance tenante, l'ouvrage que vous nous avez adressé, Il a paru généralement à toute la société tel qu'il est en effet, composé avec beaucoup d'ordre, de jugement et d'esprit. Les raisonnemens sont précis et serrés au point que nous ne concevons pas comment on peut y répondre. Nous vous prions d'exprimer à celui de vos membres qui est auteur de cette exellente production toute la satisfaction qu'il nous a procuré. Ne nous décourageons pas freres et amis, par les obstacles toujours renaissans que l'orgueil oppose à notre humanité pour les gens de couleur. Nos représentans sont justes, et les sons harmonieux de la justice étoufferont enfin les cris cacophoniques de l'ambition.

Nous sommes avec les sentimens de la plus sincère fraternité et du plus parfait dévouement,

FRERES ET AMIS.

Les vôtres, de la société des amis de la constitution de Verneuil.

Signés, L. ROTROU, *ancien président, et du comité de correspondance*; DARIUS l'aîné, *homme de loi.*

Lettre de la société des amis de la constitution de Bordeaux à celle d'Angers, sur la nécessité de donner aux hommes de couleur les droits de citoyens actifs.

Bordeaux, le 22 mars 1791, l'an 2ᵉ de la liberté.

FRERES ET AMIS,

Nous avons été frappés comme vous, de la prétention de quelques planteurs blancs de S. Domingue. Notre société et la chambre de commerce de notre ville ont reçu la longue lettre des députés de la province du Nord, et l'invitation d'appuyer leur demande auprès de l'assemblée nationale. Tous les vrais amis de la constitution, de la liberté et du bonheur des colonies ont gémi de l'acharnement avec lequel ces députés sollicitent un décret qui prive les hommes de couleur libre du droit de citoyen, un décret qui rend leur sort pire que sous le despotisme, puisque, par l'édit de 1685, ils avoient le droit égal de jouir de toutes les faveurs de ce qu'on appelloit alors *liberté*. Nous avons senti le piège qu'on tendoit à la bonne foi des négocians et des manufacturiers, en affectant de confondre la cause des hommes de couleur libres avec l'esclavage des noirs, pour obtenir leur assentiment. Nous avons dégagé la demande des planteurs blancs des déclamations dont ils l'avoient entourée pour effrayer quiconque oseroit y toucher, et nous avons vu qu'elle ne tendoit qu'à rendre les colonies presque indépendantes de la métropole, à la faveur d'une initiative contraire à une constitution représentative, et à y établir les distinctions funestes que nous cherchons à abolir dans la métropole. Qu'en un mot, comme vous le dites, on vouloit faire sanctionner une révolution dans le sens opposé à la nôtre. Aussi n'avons-nous émis aucun voeu en faveur de cette étrange prétention ; et comme nous ne l'avons considérée que comme l'excès du délire de l'orgueil, luttant contre les loix et les principes de l'éternelle justice, nous nous sommes contentés de faire connoître à MM. les députés de la province du nord de Saint-Domingue, que, fidèles à nos principes, nous ne pouvions nous réunir à eux, en leur faisant sentir la distance énorme qui existe entre leurs sentimens et les nôtres. Nous n'avons pas cru qu'il fût nécessaire de faire d'autres démarches, parce que les droits de citoyen sont assurés et confirmés aux hommes de couleur libres par le décret du 8 mars de la dernière année, et l'instruction du 28, malgré tous les commentaires des planteurs blancs, et que nous sommes bien convaincus que nos sages législateurs ne se prêteront pas à la modification que réclament, sans en vouloir peser les désavantages, les députés de la province du Nord de S. Domingue. Telle a été notre conduite, frères et amis, dans cette circonstance, et tels en sont les motifs. Voyant qu'on agissoit à S. Domingue comme si les droits des hommes de couleur libres avoit reçu quelque atteinte, vous avez pensé, sans doute, qu'ils n'étoient pas bien solidement établis. C'est une erreur, frères et amis, que les planteurs blancs ont eu l'adresse de faire propager ; la manière dure et cruelle dont on les traite est une prévarication, un attentat à la liberté, et une désobéissance à la loi ; mais votre zèle à défendre leur cause ne leur est pas moins utile pour cela : il doit servir beaucoup pour provoquer une protection efficace aux hommes de couleur libres, et leur assurer l'exercice de leurs droits. C'est seconder les désirs et les voeux de tous ceux qui aiment sincérement la liberté et l'humanité.

Nous sommes très-cordialement vos frères et amis,

Les membres de la société des amis de la constitution.
signés, LANGOISAN, prêtre, *président* ; R. MARGOT, *secrétaire* ; BLONDEL, *secrétaire* ; LAMARQUE . *secrétaire*.

Lettre des amis de la constitution de Fougeres à ceux d'Angers.

Fougeres, département de l'Isle et Vilaine, le 19 mars 1791 et l'an 2ᵉ de notre liberté.

FRÈRES ET AMIS,

LA société des amis de la constitution, établie à Fougeres, a reçue la lettre circulaire que vous avez adressée à toutes les sociétés patriotiques du royaume, concernant le sort des hommes de couleur libres ; il en a été donné lecture dans la séance du 17 de ce mois, et après les applaudissemens que vous méritent la force et l'énergie avec laquelle vous plaidez la cause de cette classe malheureuse, elle a unanimement arrêté d'adhérer à votre pétition, et de la recommander aux soins et aux efforts de la société centrale. L'adresse que vous l'invitez à faire pour le même objet, ne pourroit jamais opérer la même conviction que la vôtre, elle n'auroit rien à ajouter à la solidité de vos principes, ainsi elle a préféré une adhésion pure et simple.

Nous sommes avec les sentimens d'admiration dus à votre patriotisme et à votre générosité.

FRÈRES ET AMIS,

Vos très - affectionnés serviteurs, les amis de la constitution. *signés*, MARTIN, *président*, JUMELAIS, *secrétaire*, et P. LE BRETON, *secrétaire*.

Lettre de la société des amis de la constitution de Pontarlier à celle d'Angers.

Pontarlier. le 20 mars 1791, l'an 2e.

FRERES ET AMIS,

Dès les premiers momens qu'on a cherché à abuser l'assemblée nationale sur les vrais intérêts de nos colonies, nous avons été indignés comme vous contre les perfides qui travaillent ainsi à nous les faire perdre ; le principe de l'égalité s'oppose à leurs détraction. L'humanité doit prévaloire dans un état libre comme le nôtre, et quoique nous faisions part, de nouveau, de nos craintes à nos freres des Jacobins, afin de les intéresser chaudement à adresser le voeu général au corps législatif, de faire jouir dans cet instant les sang mêlés ou les mulâtres, propriétaires dans nos îles, de tous les droits accordés aux citoyens par notre constitution, nous sollicitons en même temps l'abolition de la traite des negres, dont les hommes ne se sont emparés que pour faire injure à la déclaration des droits éternels de l'homme, traite barbare, que tout homme doit avoir en horreur. Tout intérêt doit reculer à l'aspec de l'humanité. Nous vous remercions de votre souvenir, étant bien fraternellement,

FRERES ET AMIS,

Les membres du comité de correspondance : *signés*. MICHAUD. maire, *président*, COLIN, *homme de loi*, DEVALET, *vice-président du directoire du district*, VIOLAND, JOUFFROY, LOUIS PERRON, BALLANDIER l'aîné.

Lettre

Lettre de la société des amis de la constitution du Mans à celle d'Angers.

Au Mans, 20 mars, 2ᵉ année de la liberté.

FRERES ET AMIS,

VOTRE lettre, lue dans une de nos dernieres séances publiques, a vivement ému nos coeurs. Le peuple qui y étoit présent y a répondu par de longs applaudissemens, preuve certaine que les grandes vérités sont senties de tout le monde, et qu'il est impossible de méconnoître de bonne foi les droits imprescriptibles de l'égalité et de l'humanité.

Les horreurs exercées envers nos freres, les gens de couleur libres des colonies, depuis long-temps ont déchiré nos entrailles. Nous avons éprouvé de justes alarmes en apprenant les manoeuvres des malveillans qui cherchent à faire décréter l'inactivité des mulâtres. L'infamie, dont ce décret contradictoire et barbare couvriroit notre auguste assemblée nationale, a inquiété notre patriotisme.

Nous vous avons prévenus, freres et amis, par une adresse au corps législatif, dans laquelle nous exposons le desir ardent et unanime dont nous brûlons, pour que le droit de citoyen soit accordé à nos freres les mulâtres, qui, membres de la même famille, travaillant comme nous à la rendre heureuse et florissante, doivent jouir aussi des mêmes avantages que nous, pour que nous n'ayons plus sous les yeux cette ligne horrible de démarcation qui conserveroit en nous le souvenir cruel des distinctions humiliantes de l'ancien régime. Nous avons manifesté nos craintes sur les suites funestes qu'auroit certainement une violation aussi évidente, des vrais principes, sur les ravages auxquels seroient en proie les colonies dans lesquelles le nombre des mulatres l'emporte de beaucoup sur celui des blancs, ravages dont le moindre des maux seroit la perte des avantages considérables que nous retirons des colonies.

Recevez, freres et amis, nos sinceres remerciemens ; votre lettre auroit sûrement opérée en nous la plus prompte conviction, si nous n'avions e bonheur d'être éclairé depuis long-temps sur une vérité aussi importante. Les sentimens qui y sont exprimés avec l'énergie la plus forte et la plus persuasive, ont resserré les noeuds de fraternité qui nous unissoient auparavant, quoique de la maniere la plus étroite ; et vous pouvez compter sur la sincérité avec laquelle nous serons jusqu'à la mort .

Vos freres et amis, les membres de la société patriotique du Mans : *Signés*, PHILIPPAUX, *président* ; BOYER, *secrétaire* ; DROUARD, *secrétaire*.

P. S. Nous avons inséré dans notre adresse à l'assemblée nationale notre voeu pour l'abolition de la traite des negres· Nous espérons que quand il sera temps d'appuyer sur ce point important, tous nos freres se joindront à nous, et qu'il s'élevera une voix générale pour mettre fin aux atrocités inouies de cet infâme commerce.

Lettre de la société des amis de la constitution de Niort à celle d'Angers.

Niort, ce 20 mars 1791.

FRERES ET AMIS,

Si l'intérêt particulier n'imposoit silence à la bonne foi , il ne se trouveroit personne qui osât dire que la différence des couleurs en doit mettre entre les hommes ; le temps viendra , nous osons le croire , où ce système cruel disparoîtra. En attendant, nous n'avons pas seulement applaudi aux sentimens constitutionnels consignés dans votre lettre du 9 de ce mois , sur les hommes de couleur libres ; nous avons encore pensé qu'il etoit de notre devoir de joindre nos réclametions aux vôtres pour obtenir un décret digne d'un peuple qui sait apprécier la liberté. Oui, freres et amis, il est temps que cette classe d'hommes , pour qui vous réclamez, concoure à tous les avantages de la société, puisqu'elle en partage les charges. Remplis de ces principes sacrés , nous n'avons pas balancé , après une discussion assez intéressante, à arrêter qu'il seroit écrit à l'assemblée nationale pour appuyer votre pétition. Ce qui a été fait sur le champ.

Nous sommes , avec les sentimens de la plus sincere fraternité ,

FRERES ET AMIS,

Vos très - humbles et freres ,
les membres de correspondance de la société des amis de la constitution.
Signés, C. G. DUFORT, *président* ; FARCAULT, PHILIPPAIN fils aîné ; DELAROIS, *secrétaires*.

Lettre de la société des amis de la constitution de Libourne à celle d'Angers.

Libourne, le 23 mars 1791, 2ᵉ de la liberté.

FRERES ET AMIS,

Juger du prix, du mérite et de l'excellence des hommes, de la considération dont ils doivent jouir dans l'ordre social, par la couleur de la peau ; c'est de toutes les balances la plus injuste, et de tous les microscopes, le plus infidele et le plus trompeur.

Aussi, n'est-ce pas ainsi que vous avez envisagé les hommes de couleur libres, habitans de l'île de Saint-Domingue, cette partie de nos colonies pour laquelle vous avez plus particulierement pris intérêt, parce que des relations particulieres, sans doute, ont fixé vos regards sur elle.

Liberté, propriété, industrie laborieuse, talens utiles, services recommandables, support des charges, dévouement pour la chose publique, fatigues, dangers courus, la gloire des troubles appaisés, cris de la justice et de l'humanité ; ceux de l'intérêt et du bonheur général, dépouillement honorable d'aveugles préjugés dictés par de dangereuses passions, telles sont les bases et les grands objets qui ont fixé votre estimation ; et vous ne pouviez mieux éclairer votre opinion.

C'est à la lueur de ces rayons, semblables à ceux du pere de la nature que nous portons également nos regards sur la même partie d'hommes pour lesquels vous avez porté à l'assemblée la voix de vos réclamations pour faire participer ces mêmes hommes aux droits du citoyen actif, dont, selon nous, ils ne peuvent être privés, y ayant au contraire la part la plus méritée.

L'énumération rapide des motifs que nous venons de vous en donner, leur puissance qui entraîne nos suffrages pour eux, vous assure notre adhésion à vos démarches, que nous nous faisons un devoir de seconder comme vos freres et affiliés, si vous êtes disposés « nous recevoir et reconnpître également sous cette derniere dénomination, qui nous flatte et nous flattera.

Nous sommes avec toute la fraternité la plus cordiale,

FRERES ET AMIS,

Les membres de la société des amis de la constitution, n°. 1ᵉʳ, de Libourne.

Lettre de la societe des amis de la constitution de Vannes à celle d'Angers.

Vannes, 26 mars 1791.

FRERES ET AMIS.

Nous vous faisons les plus sinceres remercïmens de la nouvelle occasion que vous nous avez fourni de plaider la cause de l'humanité et de la raison, et c'est avec le plus vif empressement que nous avons réuni nos voeux aux vôtres, pour demander à l'assemblée nationale que les hommes de couleur libres jouissent, aux mêmes conditions que les autres François, des avantages de la nouvelle constitution. Puissent nos augustes législateurs entendre nos voix, et rendre le décret désiré.

Nous sommes avec le plus fraternel et le plus inviolable attachement.

FRERES ET AMIS,

Vos amis et freres,

les membres de la société des amis de la constitution de Vannes.

Signés ; Bachelot, *président* ; Callet, *secrétaire* ; Bourgeret fils, *secrétaire* ; Curo, *secrétaire.*

Lettre de la société des amis de la constitution de Coutances à celle d'Angers.

Coutances, 23 mars 1791.

FRERES ET AMIS.

Nous avons reçu votre lettre du 9 courant, par laquelle vous nous prévenez que vous venez de présenter à l'assemblée nationale une adresse en faveur des gens de couleur libres ; nous l'avons lue dans une de nos séances avec tout l'intérêt possible ; notre façon de penser est conforme à vos prîncipes ; ils ont pour base la justice, la nature et les droits de tous les hommes, décrétés par l'assemblée nationale. Nous allons donner pareillement notre adresse à nos représentans, en faveur de ces hommes si injustement persécutés, pour les faire jouir comme nous des droits de citoyen actif, et nous sommes iben persuadés que nos freres de toutes les sociétés des amis de la constitution, vont se réunir pour obtenir de l'assemblée nationale le décret de justice et d'humanité , qui est déja grave dans le coeur de nos dignes représentans.

Nous sommes très-cordialement ,

FRERES ET AMIS ,

Vos affectionnés serviteurs ,
Les amis de la constitution.

Signés , MACÉ, *président* ; PICQUEL , *secrétaire.*

Lettre de la société des amis de la constitution de Lisieux à celle d'Angers.

Lisieux, ce 29 mars 1791.

FRERES ET AMIS,

NOUS avons reçu avec la plus grande joie le gage précieux de vos sentimens d'humanité pour nos frères les gens de couleur, qui sont propriétaires dans nos îles ; et contribuent à toutes les dépenses publiques. Nous y adhérons avec bien du plaisir , et nous vous envoyons ci-joint copie de l'adresse que nous avons fait parvenir à ce sujet à l'assemblee nationale.

Nous sommes dans les sentimens de la plus tendre fraternité ,

FRERES ET AMIS ,

Les membres du comité de correspondance.

Signés , MARGEOT , VANDON , *prêtres* ; LE ROUX , *prêtre* ; LOISEL.

Copie de l'adresse du club de Lisieux à l'assemblée nationale.

AUGUSTES REPRÉSENTANS,

TANDIS que l'empire ne reconnoît plus de limites, que de la capitale françoise jusqu'aux provinces les plus reculées , tous réclament les droits de la nature ; que l'homme secoue avec courage le poids accablant du despotisme , une partie du genre humain sent plus que jamais appésantir ses chaînes ; des malheureux Africains , enlevés et transportés dans nos colonies , offrent le contraste le plus frappant avec les principes que nous professons.

Comment en effet accorder cette fierté républicaine, avec la verge tyrannique sans cesse levée sur eux ; le despotisme est-il donc indestructible ? Et comme tout être physique , ne disparoît-il d'un lieu , que pour se représenter sous un mode différent , dans une région plus éloignée , en se re-Nétant des principes malfaisans qu'il rencontre ?

Pourriez-voûs , augustes représentans , illustres fondateurs de notre liberté , pourrez-vous n'éprouver qu'une pitié stérile , en contemplant le tableau révoltant des cruautés que la soif des richesses fait exercer à des hommes barbares sous les climats brûlans de la zône torride , et pourrez-vous vous laisser entraîner par ces prétendus politiques , perpétuels antagonistes de l'humanité.

Non , coeurs générex , coeurs sensibles , vous serez vivement émus du sort de ces infortunés , vous apporterez des soulagemens à leurs peines, en adoucissant au moins par des loix bienfaisantes , le poids rigoureux de leur esclavage.

Une classe d'hommes parvenus de cette première , demande à grands cris le droit de défendre ses intérêts dans les assemblées coloniales , et cette prétention vous paroîtra d'autant plus justes , que d'après les principes équitables que vous avez établis , tout citoyen supportant les charges de l'état , doit par cette raison participer aussi aux avantages de notre constitution.

C'est donc , augustes représentans , les justes réclamations des gens de conleur libres , propriétaires de nos colonies , et en général la cause de l'humanité souffrante , que nous allons vous exposer : faire des heureux, voilà votre tâche ; vous en offrir l'occasion , voilà la nôtre. Quelle plus douce occupation !

Tel est le but vers lequel dirigeant nos instances , nous vous prions de vouloir bien les prendre en considération.

Le premier pas à faire en faveur de la servitude des noirs , seroit d'affoiblir la cruauté des châtimens , de déterminer les punitions indulgemment proportionnées aux délits , parce qu'il est sensible qu'on ne doit point espérer qu'un esclave qui n'agit que par des impulsions étrangéres puisse avoir la même intelligence , la même économie , la même activité , le même courage , que l'homme qui a en perspective le produit entier de ses peines.

Il faudroit que le temps et la quantité de travail, celle de leurs vêtemens, leur nourriture , leur logement fussent également déterminés.

Que la liberté fût accordée aux negresses qui auroient élevé un certain nombre d'enfans. Rien n'égaleroit un tel appas dans leur coeur : animée par l'espoir d'un si grand avantage , auxquelles toutes aspireroient sans cependant y parvenir aisément , feroit succéder à la fainéantise et aux vices , la louable émulation d'élever avec soin des enfans , dont le nombre et la conservation assureroient aux planteurs la tranquillité et l'abondance.

Il seroit encore important, pour éviter les désertions , les vols , les assassinats commis par les negres fuians , ce qui arriveroit rarement par les douceurs continuelles qu'ils trouveroient dans leur habitation , que les colons fussent tenus d'avoir, dans leur atelier. un nombre égal d'hommes et de femmes , pour les déterminer entierement à garder leur cabane , point du quel ils se sont toujours écartés, en préférant les mâles , pour l'avantage de leur exploitation.

C'est enfin par un nouveau code noir qu'on parviendroit à améliorer le sort des negres , et éteindre une infinité d'abus commis à ce sujet par le gouvernement.

Peut-on voir un brigandage aussi odieux que celui qui s'exerce encore , lorsqu'un habitant satisfait de l'attachement, du service de son esclave , veut lui donner la liberté , pour prix de ses bons offices , il ne peut la lui accorder qu'en ajoutant au sacrifice de l'esclave , une somme exigée par les officiers des places , qui se monte quelquefois à la moitié de la valeur réelle de l'esclave : ce qui refroidit la reconnoissance des maîtres pour leurs serviteurs , et par conséquent, perpétue l'esclavage de ces derniers ; car s'il arrive que l'esclave soit saisi, quoique portant le billet de liberté de son maître , qui n'auroit pas rempli cette formalité pécuniaire, il est confisqué au profit du roi , ou plutôt , au profit du gouvernement.

Mais pour que l'observation d'un tel code fût exact , il faudroit qu'on procédât chaque année , dans nos colonies , à l'élection de deux commissaires par quartier , dont un blanc et un homme de couleur , libre , auxquels les plaignans s'adresseroient , et qui feroient en quelque sorte les fonctions de nos juges de paix , et cela sans frais , et conjointement avec les notaires de chaque quartier.

Par cette modération humaine et politique , on arriveroit par dégré à adoucir les peines de la servitude des noirs , à rendre peu à peu à l'agriculteur colonial une partie de ses droits pour en obtenir plus sûrement le tribut des devoirs qu'on lui impose.

La conservation d'un plus grand nombre d'esclaves enlevés à nos colonies, par des maladies presque toujours occasionnées par de mauvais traitemens de toute espece, seroit l'heureux résultat de cette sage économie, car il est constant que, sans ce nouvel ordre des choses, elles seront bientôt dépeuplées de cultivateurs, puisque par le calcul très-bien démontré de M. d'Estourneaud, fait en 1785, de dix millions d'esclaves tirés des plages malheureuses de l'Afrique, il ne nous en reste dans nos colonies que seize cent mille.

Il est de plus constant encore, par la difficulté, la lenteur des traites, et par le témoignage des navigateurs de la côte de Guinée, que cette mine d'esclaves si abondannante autrefois, tarit de jour en jour; ce qui démontre d'une maniere palpable combien l'intérêt et l'humanité ont de motifs pour conserver ces restes précieux et infortunés de tant de millions d'hommes.

D'après ces réformes, dictées par des sentimens d'une telle importance nous allons vous soumettre, augustes représentans, celle que la justice demande à grands cris, en faveur des gens de couleur, le droit de citoyen actif.

Qu'auroient donc à vous opposer d'ambitieux politiques, contre une réclamation si équitable ?

Un antique préjugé, des priviléges, des distinctions qui doivent disparoître aussi promptement que l'éclaire, aux yeux de la raison et de la saine philosophie.

Sur quoi sont-ils fondés, ces avantages ?

Sur la pusillanimité du peuple qu'ils offensent. Ne craignent-ils pas que, secouant une fois le despotisme occidental, ravageant les propriétés de ses tyrans, bouleversant les colonies entieres, ils ne disent, avec l'illustre Voltaire : *A tout cœur outragé, la vengence est permise.*

Évitez-nous, augustes représentans, évitez-nous ces catastrophes sanglantes ; ôtez à ces frénétiques le glaive dont ils peuvent se frapper, et corrigez, par de sages lois, le délire de la cupidité.

Que ces hommes, qui ne different des autres que par la dissemblance de l'épidémie, recouvrent entierement les droits imprescriptible de la nature.

Que les mulâtres, carterons, mistifs et sang-mélés, une fois libres et propriétaires, jouissent des avantages de notre heureuse constitution.

Mais pour que leur parti, par une telle institution, ne devienne pas le
parti

parti prépondérant, et que l'équilibre, cette loi, qui conduit tout à la suprême perfection, règne aussi dans les assemblées coloniales ; il nous paroît indispensable d'augmenter beaucoup, quant aux colonies et aux gens de couleur, la somme fixée pour l'éligibilité en France, ou plutôt, ce qui seroit plus conforme au principe de l'égalité, que sur un nombre déterminé d'administrateurs à élire dans les assemblées coloniales, il en fût pris moitié parmi les blancs, et moitié parmi les gens de couleur qui seroient élus respectivement les uns par les autres, et de la même manière que les élections en France.

Il faudroit que les emplois, les places leur soient ouverts, qu'ils puissent ester et s'opposer en justice à l'oppression de leurs ennemis, qu'ils puissent indistinctement être reçus dans toutes les compagnies des milices des colonies, et ne fassent point, comme par le passé, des compagnies particulieres ; que dans les assemblées, les spectacles publics, ils ne soyent point rélégués en quelque sorte, comme à présent, dans des places qui leur sont destinées, qu'ils s'asseyent sans crainte d'insulter dans les hotels publics, à la table des blancs; qu'enfin, ils jouissent pleinement de cette liberté, de cette égalité précieuse, tombeau de la discorde et des dissentions sociales.

C'est par de tels bienfaits, augustes représentans, que nous professerons véritablement une unité de principes, que nos actions seront conformes à notre langage, que le titre de freres ne sera point usurpé, que vos lauriers sans cesse verdoyans, étonneront l'univers, et que nos annales apprendront à la postérité la plus reculee, combien la nation françoise méritoit incontestablement l'estime de toutes les autres nations.

Nous sommes avec respect,

ILLUSTRES REPRÉSENTANS, etc.

Signés, MARGLOT, *président* ; BONJEOT, *secrétaire* ; LE ROUX, prêtre, *secretaire*.

Lettre de la société des Amis de la constitution de Riom à celle d'Angers.

Riom, département du Puy de Dôme, ce 24 mars 1791.

FRERES ET AMIS,

LORSQUE nous avons reçu votre lettre circulaire, nous étions occupés à rédiger une adresse à l'assemblée nationale pour solliciter auprès d'elle

C

une prompte interprétation de son décret du 28 mars. Comme vous, nous avions été touchés de la justice de la cause des sang-mêlés et de leur malheur. Comme vous, nous avions senti que c'eût été porter atteinte à notre liberté, et indigne des amis de la constitution, que de garder le silence dans une si belle cause.

Nous vous prions, freres et amis, d'accepter copie de notre adresse. Puissions-nous nous rencontrer toujours comme dans cette circonstance, et cooperer avec vous au bonheurs des sang-mêlés !

Nous sommes avec le plus sincere attachement,

Les membres composant le comité de correspondance.
Signés, Tailhand, ex-président ; Croisier, secrétaire.

Copie de l'adresse de la société des amis de la constitution d'Angers à l'assemblée nationale.

Angers, 8 mars 1791.

AUGUSTES REPRÉSENTANS.

Des abus de tous les genres défiguroient depuis plusieurs siecles le plus bel empire de l'univers ; ces abus avoient tous leur source dans l'oubli des droits de l'homme ; ils ont disparu pour jamais, sitôt que ces droits sacrés et imprescriptibles ont été solemnellement reconnus.

Pourquoi faut-il que plusieurs milliers de nos freres, séparés de la mere-patrie par l'immensité des mers, ne jouissent pas des mêmes avantages ! Pourquoi faut-il que l'odieuse distinction des castes, ayant été supprimée parmi nous, subsiste encore dans nos colonies d'Amérique !

Sans doute qu'il seroit dangereux peut-être de vendre tout-à-coup la liberté à des hommes flétris depuis long-temps par les chaînes de l'esclavage ; sans doute qu'il seroit peut-être encore plus dangereux d'investir des droits de citoyen actif, et d'élever aux différens emplois de l'administration, ces êtres infortunés qui, transporté, n'aguères du sein de l'Afrique, sont à peine en état de se laisser conduire.

Mais quel danger, quel inconvénient même y auroit-il à accorder ces droits incontestables aux hommes de couleur libres qui, par leurs sentimens et par leur éducation, ne différent point des blancs dont ils tirent leur origine, et qui possédant la plus grande partie des terres de nos colonies, sont le plus intéressés à la prospérité publique.

Ah ! sans doute , il n'y en auroit aucun ; il y en auroit plutôt à les leur refuser , et à réduire au désespoir un peuple qui sent que la justice est pour lui , et que cette justice est conforme à vos principes.

Mais ce n'est point seulement votre justice qu'ils réclament en ce moment ; c'est cette humanité , dont vous avez donné des preuves si éclatantes , et qui vous a mérité à tant de titres, moins le nom de *législateurs*, que celui de *peres de la patrie*.

Hélas! les ennemis de tout bien vous laissent peut-être ignorer qu'Ogé et ses braves compagnons , pour avoir voulu obtenir par la voie des armes , ce qu'ils avoient inutilement réclamé, vos décrets à la main , ont perdu sur un échafaud leur misérable vie, ou gémissent sous le poids des chaînes. Ils vous laissent ignorer, les cruels! qu'il est défendu à tous les hommes de couleur libres de se trouver plus de deux ensemble , sous peine d'être immolés sur le champ; ils vous laissent ignorer, enfin , que ceux d'entre les blancs , qui s'intéressent à leur sort , n'osent , sans s'exposer aux plus grands dangers , ni prendre leur défense , ni vous faire entendre leurs justes réclamations.

O législateurs ! par-tout des échafauds sont dressés ; par-tout des bourreaux impitoyables tiennent la hache levée sur ces misérables victimes. Hâtez-vous de prononcer sur le sort de ces infortunés qui vous tendent, d'au de-là des mers , des mains suppliantes. Hâtez-vous , le temps presse ; prévenez le plus terrible des malheurs; épargnez un nouveau crime à l'Europe, et un opprobre éternel au nom françois.

Nous sommes avec le plus profond respect,

A U G U S T E S R E P R É S E N T A N S ,

Vos très-humbles et très-obéissans serviteurs ,
Les amis de la constitution.
Signés , Joseph Delaunay , *président* ; Benaben , *secrétaire*.

O B S E R V A T I O N S.

Le peu de temps qui nous reste , et la nécessité de faire connoître à l'assemblée les sentimens des principales villes de France avant la décision qui peut être portée mercredi 18 mai, nous empêche de publier une foule d'autres adresses semblables , et plusieurs dans le même genre , écrites à la société des amis des noirs de Paris , par les trente-un clubs popuaires de Lyon , le club central de Condrieux, le cercle social, etc....

DE L'IMPRIMERIE DU PATRIOTE FRANÇOIS.

ADRESSE

D'UN

PATRIOTE FRANÇOIS

A L'ASSEMBLÉE NATIONALE

SUR LA TRAITE DES NOIRS.

———

AVRIL, 1791.

ADRESSE

D'UN PATRIOTE FRANÇAIS

A L'ASSEMBLÉE NATIONALE

SUR LA TRAITE DES NOIRS.

LES principes de Philantropie qui, avant l'époque de la révolution, ont frapé d'anathême le fléau politique de la Traite des Noirs, ont été les heureux préfages de l'efprit public dont l'énergie a régénéré l'Empire François.

Ces principes ouvertement profeffés fous le regne même du defpotifme, ont fervi de bafe à la Déclaration des Droits de l'Homme. Ce chef-d'œuvre immortel de la fageffe unie à la bienfaifance, a brifé tous les liens du pouvoir arbitraire, & a confacré l'éternelle vérité *que tous les hommes font égaux devant la Loi & devant la Nature.* Cepen-

A 2

dant, malgré l'afcendant de la raifon univerfelle, malgré les torrens de lumiere qui ont diffipé les ténèbres dont s'enveloppoit l'orgueil, la funefte coalition de l'ignorance & de la barbarie s'efforce de perpétuer un odieux commerce qui flétrit les lauriers moiffonnés dans le Champ du Patriotifme, qui fait rétrograder la révolution de tout l'efpace qu'elle a parcouru. Avarice ! quel eft ton fatal pouvoir ? à ton afpect la vertu s'enfuit épouvantée, & les hommes qu'elle venoit de transformer en Géants, ne font plus que des Pigmées ! Quoi ! des êtres régénérés, rédîmés du fervage, oferoient encore exercer le trafic auffi honteux qu'immoral de la liberté de leurs femblables ? ils fpéculeroient encore fur les maux de l'humanité ? ... Périffe à jamais le Mortel antropophage qui, le premier, s'eft déclaré l'Apôtre de cette loi de fang ! que les Sectateurs de cette doctrine impie foient à jamais l'opprobre de la fociété & l'effroi du genre humain! Le regne du crime eft fini, & l'infamie, au défaut des remords, doit nous venger des Tyrans dont nous avons arraché le mafque hypocrite.

Si les réclamations de la cupidité, fi les Sophifmes de la perfidie. & la terreur dont elle a environné la Légiflature, ont joui d'un fuccès éphémere ; fi la crainte infenfée de perdre les Colonies a pû faire taire la voix de la raifon & de l'humanité, bientôt les Fondateurs de la Liberté fe pénétreront de l'inconféquence, fe convaincront de l'impoffibilité de concilier avec les droits facrés & impreſcriptibles de l'homme, l'approbation for-melle d'un marché public où l'acheteur & *l'acheté* font également dégradés, où la dégradation phy-fique de la victime attefte la corruption morale du facrificateur.

Affez long-tems la Traite des Noirs a été la honte & le fcandale de l'univers ; affez long tems les Né-gocians François, féduits, entraînés par l'exem-ple des autres Puiffances, ont été les complices de cet attentat aux droits de l'humanité. L'odieux d'une conduite, plus irréfléchie que perverfe, plus machinale que volontaire, s'eft perdu dans l'océan des forfaits d'une Cour corrompue. Mais ce com-merce, peu pardonnable fous l'ancien Régime, feroit, dans le nouveau, un crime de lèze-conftitution.

Un peuple libre doit rejetter avec horreur l'idée de s'abreuver du fang & des larmes d'un peuple enchaîné qui ne peut oppofer que d'inutiles fanglots aux traitemens les plus cruels.

Une Nation généreufe doit frémir à la propofi-tion de joindre la lâcheté à l'affaffinat. Certes, quand le Sénat François a brifé l'idole du defpotifme,

A 3

il n'a pas entendu qu'une portion d'hommes deshonoreroit sa victoire, & souilleroit le berceau de la Liberté, en ordonnant les horribles apprêts de la servitude, en accaparant des Esclaves, au-delà des mers, pour offrir à la patrie des sacrifices de sang humain. Cette supposition seroit un outrage au Corps Législatif. Ah ! plutôt, détournons nos regards du tableau des crimes qu'enfante la cupidité : cessons d'envier aux Anglais, aux Hollandais & aux Nations, qui ne peuvent séparer les idées commerciales de leur intérêt politique, le misérable lucre du commerce des Noirs. Déplorons leur aveuglement & les funestes effets de leur barbarie ; mais gardons-nous de les imiter dans leur perversité, de les rivaliser en forfaits, & de vouloir donner des leçons de fratricide aux peuples dont nous sommes devenus les Maîtres & les modèles (*a*).

______

(*a*) MM. Néracs, Bégouen, Garesché & autres Négocians qui, en leur qualité de Membres de l'Assemblée Nationale, ont coopéré à la régénération françoise, s'empresseront sans doute de joindre l'exemple au précepte, en renonçant à un trafic si contraire à leurs principes, en portant leurs regards sur une autre carrière. Les Etats-Unis d'Amérique, ou plutôt l'immense quantité de terres incultes qui, dans l'intérieur d'un Royaume agricole, n'attendent que la rosée du riche pour se couvrir d'abondantes moissons, offrent à l'ambition commerciale & aux Capitalistes un champ plus vaste & plus digne d'un Peuple libre.

En vain objecteroit -on que les Nègres, qui se vendent sur les côtes d'Afri-que sont Esclaves avant d'être livrés à un nouveau Maître, qui devient plutôt leur libérateur que leur bourreau. Il est vrai que ces infortunés avoient déja été chargés de fers par leur indigne Souverain ; mais ce Tyran, qui préfère les richesses à l'honneur, sera sans intérêt pour faire de ses sujets un troupeau d'esclaves, quand il ne trouvera plus d'acheteurs & de complices, quand l'avarice commerciale ne versera plus dans ses mains le prix de l'infanticide. Une coupable concurrence a rendu l'Afrique *le Bazard* où les peuples s'assemblent & se coalisent pour deshonorer l'espèce humaine ; où la barbarie paye à la barbarie une prime sacrilège ; où les vendeurs & les acheteurs, également criminels, s'enrichissent des misères de leurs victimes.

Les Défenseurs de la Traite & de l'esclavage, ouvriróient bientôt les yeux sur le crime de leur apologie, si la loi du plus fort introduisoit en France une *Traite des Blancs*, ou si une Nation conquérante venoit dire aux Français : Enchaînez-vous mutuellement ; que le plus foible devienne la proie du plus fort : chaque holocauste sera payée cent pistoles.... Les malheureux que l'on conduiroit au *Bazard*, & qui en sortiroient pour passer entre les mains d'un Acheteur, pourroient-ils s'estimer heureux , pourroient-ils fe féliciter de ce changement de condition ? C'eft ainfi que la Traite des Nègres eft un bien pour les Africains.

On objecte encore que la néceffité de foutenir la balance du commerce , s'oppofé à des innovations dont profiteroient feules les autres Puiffances. C'eft, à-peu-pres, comme fi un Négociant difoit : La néceffité de jouir d'une profpérité qui égale au moins celle de mon voifin , me contraint d'égorger périodiquement les voyageurs pour m'enrichir de leurs dépouilles.. On frémit..... Eh-bien ! la comparaifon n'eft imparfaite que parce que les loix qui s'appliquent à un individu, doivent, à plus forte raifon , s'appliquer à la collection des individus.

Il y a plus : le prétexte dont s'étayent les Anti-Philantropes , difparoîtroit devant le calcul des vrais intérêts de la France ; mais nous voulons laiffer à fes Légiflateurs Auguftes la gloire d'avoir fait fur l'Autel de l'Humanité le facrifice d'un gain quelconque. Un vafte Empire peut-il être affimilé à une petite Ville Républicaine, où l'on feroit obligé de calculer les bénéfices d'une atrocité (1), devenue

---

(1) Ce gain eft fi foible, que plufieurs Capitaliftes de France en pourroient faire annuellement le cadeau à leur Patrie.

indispensable , à quelques milliers de louis près ?

Louis XIII répugnoit à l'esclavage des Nègres. Les Jésuites lui dirent que ce parti étoit le seul pour les amener au Christianisme ; & ce Roi eut la foiblesse de se rendre à cet abus sacrilège d'une Religion de charité. Mais si on lui avoit dit » : Sire, » la Traite des Nègres fera vendre pour cent mille » francs de coûteaux, de morceaux de verre à vos » Marchands de Nantes , de Bordeaux & de la » Rochelle ; « il ne faut pas douter qu'il n'eût chassé avec ignominie l'infâme Orateur. — Mais les Colonies se sépareront de la Métropole ! — Eh ! qu'importe aux Planteurs que les Nègres soient transportés dans leurs climats brûlans par un Navigateur François ou par un Navigateur étranger ? C'est outrager les Colons que de considérer ce rapport commercial comme le principe de leur attachement pour la France. Admirons au contraire l'énergie d'un sentiment qui a pu survivre à cette lèpre politique : elle empêche les habitans du Nouveau-Monde de s'enorgueillir des liens qui l'unissent à la Métropole ; & ces enfans, qui chérissent leur mere, malgré sa scandaleuse prostitution , l'aimeroient sans doute avec idolâtrie, si elle recouvroit la pureté & l'éclat de ses vertus natives.

D'après la Déclaration des Droits de l'Homme, il étoit naturel de penser que cette étrange politique qui légitime tous les attentats, ce machiavélifme du Cabinet des Cours, dont la force & la perfidie font les uniques refforts, ne fubfifteroit plus parmi nous que par l'effroi qu'infpire fon fouvenir, & que déformais la morale fubftituée au code du defpotifme, feroit le principe des déterminations publiques. Quel doit être l'étonnement des Amis de la Conftitution, en voyant quelques Membres d'une Affemblée, qui a folemnellement confacré les dogmes de l'humanité, lui propofer férieufement de violer ces dogmes confolans, de fe créer une morale conforme aux intérêts commerciaux, & de pefer dans la même balance l'argent & cette liberté tant vantée, cette liberté dont l'attrait impérieux nous a élevés au-deffus de tous les dangers, & dont notre Pavillon retrace aux Navigateurs l'immortel monument?(1) Quoi! des Commerçans feroient flotter fur des têtes courbées fous le joug de l'efclavage, le figne emblêmatique de la Rédemption Françoife? Par quelle fanglante ironie, par quel rafinement de cruauté, les mêmes hommes qui ont fait le ferment de vivre libres, ou mourir, oferoient-ils encore infulter à l'agonie douloureufe de leurs captifs amoncelés, en leur montrant l'image du bonheur qu'ils ont perdu, & que la force feule peut leur rendre?

---

(1) On connoît le Décret qui a ordonné aux Vaiffeaux Français d'arborer le Pavillon National.

L'intérêt, le fordide intérêt, feroit-il devenu tout-à-coup l'écueil & le tombeau de cet enthoufiafme patriotique qui, n'aguères, électrifoit tous les cœurs? Et ce Peuple généreux, qui, pour rentrer dans les droits de la nature & de la raifon, a eu le courage de dépouiller fon ci-devant Ordre Sacerdotal de fes prétendues propriétés, d'abaiffer à la condition commune les defcendans de fes Héros, & de fixer la limite entre le pouvoir du Monarque, & l'empire des Loix ; un tel Peuple, dis-je, n'auroit pas l'énergie fuffifante pour repouffer les infinuations perfides des égoïftes Armateurs, & pour condamner au filence les réclamations des villes maritimes, qui tendent à imprimer une tache indélébile au chef-d'œuvre conftitutionnel ? Hélas ! fi tel eft le magique afcendant de la féduction & de l'intrigue, il faut déchirer le code des Droits de l'Homme ; il n'eft plus que le voile hypocrite dont le charlatanifme s'eft enveloppé pour ufurper des fuccès fondés fur l'ignorance & la crédulité. Eloignons ces idées finiftres ; livrons-nous à l'efpoir que des hommes qui ont éprouvé le bienfait de la liberté, s'abftiendront d'un attentat que leur cœur a condamné, & que la Philofophie a marqué du fceau de la réprobation. Cette première victoire fera la jufte récompenfe des efforts magnanimes des Philantropes éclairés qui défirent rallier

tous les peuples aux principes de justice & de bienfaisance sur lesquels repose l'édifice du bonheur politique.

La constitution que la France s'est donnée, a élevé
une barriere insurmontable entre le crime & l'esprit mercantile. Elle défend le Commerçant des
affections funestes qui naissent de sa profession ;
elle garantit la Société elle-même des invasions de
la cupidité. Pour rendre son influence plus active,
jettons nos regards sur les détails de la Traite des
Noirs. Rapprochons, par la pensée, des forfaits dont
l'éloignement nous dérobe l'horreur. Suivons ces
infortunés depuis le lieu où les Marchands les ache-
tent jusqu'à celui où ils vont les vendre. Représentons-
nous ce troupeau d'hommes, pressés, *encaissés*, tortu-
rés dans *de longues bières*. L'espoir d'un prompt trépas peut seul adoucir leurs souffrances ; & les moins
malheureux sont, sans contredit, ceux qui portent déjà
dans leur sein le germe destructeur de la mort,
graces aux drogues répercussives que leurs premiers
Maîtres leur ont fait prendre pour pallier leurs maladies & tromper l'acheteur. Peignons-nous ces
fouets déchirans, ces liens *meurtrissans*, ce fer ardent dont l'empreinte brûlante, en marquant
chaque victime, pénetre son ame même du type
affreux de l'esclavage.

Le cœur se souleve à ces tristes images , &
si l'intérêt ne transformoit pas les hommes en
tigres , en panthères , le plus insensible d'entr'eux
pâliroit à l'idée de remplir la même tâche que nos
Navigateurs Négriers. Malheur à l'être inhumain
qui, d'après ce tableau fidèle , oseroit proposer sé-
rieusement de permettre une pareille profession aux
Citoyens d'un pays jaloux de sa liberté, & qui doit
savoir que ce bien ne se conserve que par l'extrême
surveillance pour encourager les vertus , & pour
écarter toutes les causes de licence , d'injustice &
de férocité ! (1)

---

(1) Les Prédicans de la liberté ont voulu étendre ses
bienfaits jusques sur la race Noire qui cultive les Colonies ; mais la saine politique,& l'intérêt même de l'humanité s'opposent à cet affranchissement subit. Car , pour
concilier avec ces dispositions bienfaisantes les droits
sacrés & inviolables des propriétés , il seroit indispensable
de rembourser aux Colons cette richesse mobiliaire acquise sur la foi des Traités , & qu'on peut évaluer à plus
de cinq milliards. D'ailleurs cette innovation seroit le
signal d'une révolte universelle. Tous les Blancs seroient
sacrifiés à la haine féroce & à l'ambitieux brigandage des
Noirs qui composent les quatre cinquiemes de la population , & qui devenus maîtres du champ de bataille , finiroient par se détruire eux-mêmes , après avoir épuisé

toutes les reſſources territoriales. De l'excès de l'eſclavage on paſſe néceſſairement à l'excès de la licence , & cette biſarrerie cruelle du cœur humain , vérifie l'axiome : que les deux extrêmes ſe touchent.

Il faut accoutumer par dégrés ces hommes brûtes aux premiers rayons de la liberté ; il faut les inſtituer par une Religion de douceur & de charité, & ſur-tout adoucir leur ſort par tous les moyens qu'inſpire l'humanité, & qui peuvent ſe concilier avec les converances locales & particulières des Colonies. La bruſque introduction de l'Evangile conſtitutionnel cauſeroit un embrâſement général , & peut-être l'entiere ſubverſion des Colonies. Cet arbre de vie, pour produire des fruits ſalutaires, a beſoin d'une préparation ſage & méthodique , d'une culture lente & graduelle. En un mot , il ne ſera tems de régénérer les Nègres eſclaves , que quand ils auront acquis la maturité politique. D'ailleurs, comme l'abolition de la Traite ne peut s'exécuter que de concert avec toutes les Puiſſances Maritimes, il n'appartient qu'à la France, qui la première a levé l'étendard de la liberté univerſelle , de préparer, de généraliſer, par la force de l'exemple, la proſcription de la Traite & de l'eſclavage.

F I N.

Par M. PEPIN, Citoyen Actif.

<hr>

De l'Imprimerie de VALLEYRE, rue vieille Bouclerie.

— 12 —

PÉTITION.

LA queſtion ſur la liberté des Negres eſt d'une importance aujour-
d'hui reconnue par toutes les Puiſſances qui s'en ſervent dans leurs
Colonies, & l'on ſçait que déjà le Danemarck & l'Angleterre ont déterminé chez eux l'abolition de la traite des Eſclaves.

Cet objet intéreſſe la France plus particuliérement encore que les autres
Puiſſances, en ce qu'il tient au principe fondamental de la nouvelle Légiſlation Françoiſe. Il étoit bien de principe auſſi, dans l'ancienne, qu'il
ne peut y avoir d'Eſclaves en France ; mais les Adminiſtrateurs du Gouvernement François n'appliquant ce principe qu'à la France, priſe dans
le ſens géographique, toléroient l'eſclavage dans les Colonies. Aujour-
d'hui il n'y a plus moyen d'eſcobarder ſur la Loi qui interdit l'eſclavage, non ſeulement en France, mais dans toutes les parties de la domination Françoiſe ; tout ce que la cupidité a pu inſpirer pour faire encore
une exception, eſt abſurde & déteſtable. Et certes, ſi la ſophiſtiquerie
parvenoit à étouffer aſſez la raiſon & le bon ſens pour faire allier dans
la Légiſlation Françoiſe l'eſclavage avec la Déclaration des Droits de
l'Homme, les hommes, que cette Déclaration reconnoît égaux, ne ſeroient plus (ſous le Gouvernement François) qu'égaux a des Eſclaves ;
il n'y auroit décidément plus de Loi conſtante ; tout dans le Gouvernement ſeroit livré à l'arbitraire.

A cette conſidération, qui rend la cauſe des Noirs commune à tous les
François, vint ſe joindre, dans le mois de Décembre, la nouvelle des horribles déſaſtres arrivés à Saint-Domingue. Voilà ce qui a donné lieu à ma
précédente Pétition, miſe ſous les yeux de l'Aſſemblée Nationale, & rendue
publique, par voie d'impreſſion, dans le mois de Décembre.

Les Enrôlemens de Negres & les Traités avec les Princes Africains,
que les Anglois viennent de faire, venant à l'appui de ceux que je propo-
ſois dans ma Pétition, cet exemple m'a porté à inſiſter & à développer
de plus en plus mes idées : tel eſt l'objet de cette nouvelle Pétition.

Il ſeroit fort à déſirer que l'opinion publique ſe manifeſtât ſur des
objets de cette importance. Quelques-uns diſent que c'eſt aux villes
de Commerce à faire entendre leur vœu ſur cette matiere ; il faut pour
le coup déſeſpérer du ſalut de la France, ſi, dans le moment même
que l'on regarde comme celui de la régénération, l'on s'iſole déjà d'un
objet qui tient de ſi près au bien général, à l'humanité, aux principes
nouvellement conſacrés, & dont, en un mot, la déciſion (en partant
du dogme de l'égalité) ne porte pas plus, pour ainſi dire, ſur la
liberté des Negres, que ſur celle des François eux-mêmes.

Quant à ceux qui ont paru ſurpris que les Exemplaires de ma Pétition ne fuſſent pas ſignés, j'ai à leur répondre qu'elle a été préſen-
tée à l'Aſſemblée, revêtue de ma ſignature, & répandue parmi les per-
ſonnes de ma connoiſſance ſous mon nom. Que je réuſſiſſe bien ou mal,
je ne recherche, quant à moi, ni le myſtere, ni la publicité.

PÉTITION AMPLIATIVE,

EN FAVEUR DES BLANCS ET DES NOIRS,

ET PROJET

D'UN TRAITÉ IMPORTANT

POUR LES COLONIES ET POUR L'ÉTAT.

CITOYENS,

LES défaftres de nos Colonies fe perpétuent, & ma Pétition tendante à en arrêter le cours, mife fous vos yeux depuis le mois de Décembre, & qui fera annexée à celle-ci, eft encore fans réponfe.

Il s'agit de fauver ce qui refte de Blancs & de Noirs, de conferver les Colonies à la Métropole, & de refpecter la Loi.

Sur ce que j'ai propofé, que l'on fubftituât à la traite des Noirs efclaves une traite de Noirs à titre de fimple en-rôlement, & que le Gouvernement François négociât à cet effet avec les Princes Africains, l'on a demandé comment l'on pourroit enrôler des Negres & faire aucun Traité avec des Princes Noirs ?

Entre plufieurs réponfes à faire à ces objections, je me bornerai à une feule, c'eft que les Anglois viennent d'en-rôler des Negres ; ils viennent de faire des Traités avec des Princes Noirs, les Rois de Temba & de Nembana, & d'acquérir d'eux des terres fur les côtes de Guinée & de Malaguetta : c'eft dans ce fol fertile que les Anglois vont former des établiffemens précieux, cultivés par des Negres engagés, & non par des Efclaves. Il n'y a donc plus à dif-cuter fur la poffibilité d'employer des Negres enrôlés au lieu de Negres efclaves, ni fur celle de faire des Traités

A

avec des Princes Noirs. L'exemple des Anglois répond à tout, & notre Gouvernement ne peut trop s'empresser de traiter avec ces Princes Africains, non seulement à l'égard des enrolemens dont j'ai parlé, mais encore à l'effet d'obtenir des concessions pareilles à celles qui viennent d'être accordées aux Anglois. Ces nouveaux Etablissemens offriroient même un asile à ceux des Negres de nos Colonies qui, après leur engagement, voudroient jouir de la liberté dans leur pays, sans être exposés à la mauvaise foi reprochée à leurs Chefs.

Outre de grands avantages faciles à envisager pour l'avenir, la France trouveroit dès actuellement dans ce nouvel Etablissement, celui d'écarter de ses Colonies Américaines jusqu'à la trace de l'ancienne servitude, en même temps qu'elle répandroit des semences de la liberté & de la civilisation dans ces climats Africains, où l'humanité gémit sous le plus affreux esclavage.

Quoi qu'il en soit, François, ne perdez pas de vue qu'il ne peut être question de sçavoir si les Noirs sont libres ou esclaves; la Déclaration des Droits de l'Homme subsistant, ils sont libres de droit, ou vous ne l'êtes pas.

Mais leur affranchissement a fait naître des questions d'une autre espece, comme celles de sçavoir sur quel pied l'on peut faire la traite des Negres, qui ne peut plus être continuée à titre d'esclavage. Quelles sont les nouvelles obligations que l'acquisition de la liberté impose aux nouveaux Affranchis ? Quelle est, en un mot, la position respective des Blancs & des Noirs de nos Colonies dans le nouvel ordre des choses?

Ces questions, dont je crois avoir donné la solution dans ma Pétition précédente, sont de celles qui, pour le bien de l'Etat & de l'humanité, eussent dû être traitées avant la publication des Droits de l'Homme, ainsi que les meilleurs esprits le reconnurent dans le temps : il en est arrivé autrement, & l'on peut dire que, dans les fastes des Nations, l'on

(3)

trouve peu de fautes qui ayent été suivies de plus funestes effets ; des Décrets contraires à la Déclaration des Droits de l'Homme, & s'entredétruisant eux-mêmes, ont encore contribué à porter le mal à son comble.

Ne comprendra-t-on jamais que des Loix contradictoires font le plus grand des fléaux pour la société des hommes? Elles font, dans des temps orageux, des arrêts de destruction, & dans des temps calmes, l'instrument de toutes les vexations. Il sembloit que l'on commençoit à se pénétrer de cette vérité. N'est-ce pas en effet pour donner une regle invariable aux Rédacteurs des Loix, pour tracer un cercle que ni eux ni le Prince ne puffent déformais franchir, en un mot, pour bannir à jamais de nos Loix & de notre Gouvernement l'arbitraire & la contradiction, que l'on a imaginé la Déclaration des Droits de l'Homme? Sous ces rapports je la reconnois un bienfait pour l'humanité : je n'examine point si la Déclaration des Droits de l'Homme d'Amérique differe de la Déclaration des Droits de l'Homme de France : mais il faut dans tout Gouvernement un point d'appui. Ces Légiflateurs, qui faifoient parler les Dieux dans leurs Loix, ces Rois, qui en donnerent en leur propre & privé nom, n'avoient le plus souvent pour regle que leur imagination ou leurs paffions ; mais dans une Légiflation reftreinte au cercle étroit de ce que l'on appelle Droits de l'Homme, rien ne peut excufer l'arbitraire & la contradiction ; une Déclaration des Droits de l'Homme est, de la part de la Nation qui l'adopte, le ferment de n'y point attenter, l'aveu folennel qu'elle n'en a pas le droit; que tout ftatut qui y attenteroit ne feroit pas obligatoire, ne feroit pas une Loi, feroit un acte oppofé à l'effence de la Loi même, en un mot, un acte impie dont la refponfabilité, fi elle ne retomboit pas fur fes auteurs, retomberoit fur la Nation même.

Cette refponfabilité, François, nous n'avons pas tardé à l'éprouver par la flamme & le fer ; & que doit-on attendre

en effet, fi la Déclaration des Droits de l'Homme, fubftituée hier à tous les anciens Liens, eft violée elle-même
aujourd'hui ?

Mais ce qui paroît incroyable, c'eft de voir en même
temps le parti de la Révolution agir contre la Révolution,
& le parti de l'Oppofition agir en contre-oppofition, telle-
ment que les deux partis fe combattent & fe foutiennent à
la fois, & qu'ils déchirent impitoyablement en tout fens
la France, dont ils fe difent pourtant les défenfeurs & les
reftaurateurs.

C'eft ainfi qu'au fujet de nos Colonies l'on a vu le parti
de la Révolution maintenir le Defpotifme barbarefque des
Blancs, malgré fes principes oppofés au Defpotifme, & le
parti de l'Oppofition favorifer l'infurrection des Noirs, quoiqu'il foit l'ennemi déclaré de l'infurrection ; & l'on peut
dire que fi la France perd fes Colonies, c'eft parce que
chaque parti n'a point craint de violer les principes par lui-
même adoptés ; de même que fi les défaftres font plus horribles
encore dans les Colonies que dans la Métropole, c'eft que
la contradiction des principes y eft encore plus exceffive ;
car tel qui veut, au nom des Droits de l'Homme, être au
moins l'égal du Chef des Bourbons, n'en eft pas moins
acharné à voir fon efclave dans fon femblable (1).

---

(1) Si, par exemple, le parti de l'Oppofition eût agi felon fes principes, tout
le monde conviendra qu'il lui étoit bien facile d'arrêter dès le commencement
l'infurrection des Negres, puifqu'il ne lui falloit pour cela que procurer aux
Colons de Saint-Domingue l'affiftance qu'ils attendoient de la part des Efpagnols.
Le Cabinet de Madrid n'eût point refufé cette affiftance aux Princes François,
& parce qu'ils avoient lieu de la réclamer, tant au nom des anciens Traités qu'au
nom de leurs nouvelles relations avec l'Efpagne, & parce qu'il étoit de l'intérêt
de l'Efpagne même d'arrêter dans la partie Françoife de Saint-Domingue une infurrection qui peut s'étendre dans la partie Efpagnole, & parce que le falut des
Colonies Françoifes, opéré par le parti de l'Oppofition, eût prodigieufement ac-
crédité ce parti pour lequel l'Efpagne étoit alors déclarée. D'un autre côté, fi c'eût
été le parti de la Révolution qui eût agi conformément à fes principes, rien ne
lui étoit plus facile que d'envoyer aux Colonies douze mille hommes de troupes,
des Commiffaires, & un Réglement qui fît droit aux Blancs & aux Noirs, conformément aux principes nouvellement confacrés ; ainfi l'un & l'autre parti, en reftant
fidele à fes principes, maintenoit, par des voies différentes, la tranquillité dans
les Colonies ; au lieu qu'en les violant, l'un & l'autre parti a également concouru

Mais si les Noirs ne peuvent pas plus que les Blancs être aujourd'hui esclaves sur aucun point de la domination Françoise, il ne s'enfuit pas, comme quelques - uns le prétendent, qu'ils doivent acquérir la qualité de Citoyens François; mille raisons politiques, civiles & morales s'opposent à cette incorporation, ou, pour mieux dire, à cette transformation des Colonies Françoises en Colonies Negres.

En politique, si vous attribuez le droit de Citoyen à la généralité des habitans des Colonies, dont les dix-neuf vingtiemes sont Negres, ces Negres forment dès-lors la masse du peuple de ces Colonies. Voilà, selon les principes consacrés dans le nouvel ordre des choses, le Souverain; il a le droit (je parle toujours d'après vous-mêmes) de se déclarer indépendant de la Métrople, comme l'Amérique septentrionale, ou se donner à une autre Puissance, comme Avignon : or, combien seroit funeste pour tous l'exercice de ces nouveaux droits ? Ce seroit, à en juger seulement par les désastres & les horreurs qui ont déjà eu lieu, jeter une nouvelle pomme de discorde qui causeroit l'embrasement général & la destruction totale des Colonies.

Pour ce qui est de la partie civile, la France pourroit-elle seulement soutenir l'idée de condamner des François à figurer en minorité à côté de cette majorité de Negres reconnus leurs égaux en droits, & devenus leurs maîtres par le nombre de voix ?

à mettre les Colonies en feu ; tant il est vrai que, même dans une crise comme celle où se trouve la France, ce qui tend au bien général est encore la meilleure politique pour chacun des partis. Si l'on joint au double exemple que nous venons de citer, d'autres exemples semblables qu'offrent les événemens de la Révolution, l'on reconnoîtra que si les différens partis eussent eu pour but le bien & la régénération de la France, comme ils le prétendent tous, ils eussent fini par s'entendre, se rapprocher ; de quelque point qu'ils fussent partis, ils fussent venus se rallier aux mêmes principes. La crise se réduisoit à un choc d'opinions, mais à un choc général, jusqu'ici sans exemple chez aucun Peuple, & dont le développement & la conciliation eussent produit le meilleur Gouvernement qui ait encore existé ; mais si aucun des partis n'est capable d'écouter sa propre raison, ne peut se concilier avec lui-même, à plus forte raison la conciliation des uns avec les autres est impossible : dès lors l'Empire François, de toutes parts déchiré, ne peut échapper à une dissolution totale, à une fin la plus cruelle qu'ait encore éprouvé aucun Peuple ; tous les maux d'une Révolution aussi extraordinaire auront été pour la France, & le bien dont elle portoit le germe sera pour des Peuples plus fideles.

Enfin, quant à la morale, que croit-on qu'elle pourroit être dans un pays où les turpitudes Africaines régneroient & se marieroient avec tous les vices Européens ? Il n'est point d'abomination pareille.

Non, François, vous ne pouvez ni convertir les Negres en Citoyens François, ni les retenir dans l'esclavage. La Déclaration des Droits de l'Homme, voilà l'acte de leur affranchissement, & il ne s'en peut de plus solennel ; mais ils deviennent, par le fait même de cet affranchissement, débiteurs indigens, étrangers & dangereux.

Débiteurs ; car le prix pour lequel ils ont été vendus par leur propre Gouvernement & selon les Loix de leur pays, devient, par le fait de leur affranchissement, le prix de leur rançon ; & qui est-ce qui le doit, si ce n'est eux ? Indigens ; car les Colons, leurs anciens Maîtres, ne leur doivent plus rien, pas même la nourriture & l'habit : étrangers ; car ils ne tiennent plus aux Colonies par aucun lien, pas même par celui de l'esclavage : dangereux, puisqu'à l'ignorance, à l'immoralité, à la prodigieuse supériorité du nombre, ils joignent aujourd'hui l'indigence & la liberté.

Comme débiteurs & indigens, ils ne peuvent s'acquitter ni subsister que par leur travail ; comme étrangers, ils n'ont aucun droit politique ; comme dangereux, le Gouvernement est dans l'obligation de prendre les mesures nécessaires pour les contenir, sans violer la Déclaration des Droits de l'Homme ; & comme cette Déclaration, en les rendant libres, ne les exempte pas de travailler pour vivre, ne les acquitte pas du prix de leur rançon, ne leur donne pas le droit de devenir voleurs, assassins, bourreaux de leurs anciens Maîtres ; le tout, en derniere analyse, se réduit au convertisse-ment de la qualité d'esclaves en celles de mercenaires étran-gers, ou d'enrôlés, qui seront moins directement sous la main des Colons, & plus sous celle du Gouvernement ; & certes, il n'y avoit pas, dans des tempéramens aussi simples, de quoi faire répandre une goutte de sang, de quoi faire incendier

une cabane, de quoi diminuer d'une livre les récoltes coloniales. Ces tempéramens concilient tout, ils s'accordent
avec la Déclaration des Droits de l'Homme, avec les droits
politiques de la France, avec les intérêts de son commerce,
avec ceux des habitans Blancs ou Noirs, en un mot, avec
toutes les vûes que le Légiflateur doit avoir préfentes dans
une affaire de cette nature (1).

Que fi vous perfiftez, François, à avoir des efclaves,
hâtez - vous de fupprimer la Déclaration des Droits de
l'Homme; vous pouvez, fans cette Déclaration, être encore,
à votre choix, Grecs, Romains ou François. Tous ces Peuples malheureufement & bien d'autres, eurent des efclaves : mais ce qui ne s'eft jamais vu, ce qui plonge-
roit une Nation dans un abîme de maux, & finalement dans
une barbarie dont il n'eft point d'exemple, ce feroit de
joindre une Déclaration d'efclavage à une Déclaration
des Droits de l'Homme, de déclarer que tous les

---

(1) Ceci doit fervir de réponfe à ceux qui regardent que la France, depuis
qu'elle a reconnu l'indépendance des Colonies Angloifes infurgentes, n'a plus de
droit légitime fur fes propres Colonies.

Chez les Infurgens Anglois, la maffe de la population étoit compofée de Citoyens; dans nos Colonies, elle eft compofée d Etrangers, de Negres tranfportés de leur
pays pour le fervice de nos Colonies, ci-devant à titre d'efclaves, déformais à titre
d'engagement. De ce Peuple d'Africains, qui ne font pas Citoyens, & d'une poignée
d'Européens, qui ne font pas le Peuple, il eft provenu une troifieme race, celle des
Mulâtres. Voila les indigenes qui (fi leur multiplication n'éprouve point d'obftacle)
compoferont un jour la maffe du Peuple colonial ; mais dans l'état actuel des
chofes & fuivant le plan que je propofe, la puiffance ne peut réfider dans aucune
de ces trois peuplades, chacune, au contraire, a befoin contre l'autre de l'autorité,
de la protection continue de la Métropole, comme toutes les trois en ont befoin
contre les ennemis communs. Il n'y a & ne peut y avoir dans des Colonies com-
pofées de cette maniere, d'autre force publique que celle de la Métropole ; & l'on
ne voit pas plus dans les nouveaux principes que dans les anciens, fur quel fondement l'une de ces trois races pourroit élever la prétention de régner fouveraine-
ment fur les deux autres. L'on voit encore moins comment il feroit poffible que
ces trois races fe conféderaffent pour ravir à la Métropole la fouveraineté, &
l'exercer toutes trois en commun ; toutes les trois ont un intérêt manifefte à refter
fous la fouveraineté de la Métropole, plutôt que de tomber fous la fouveraineté l'une
de l'autre. Les droits de la France fur fes Colonies ne font donc pas fondés feulement fur la force & fur la puiffance, mais encore fur l'intérêt de toutes les
claffes d'habitans; par conféquent la France réunit, à l'égard de fes Colonies, tout
ce qui conftitue le droit le plus légitime de la fouveraineté; pofition très-dif-
férente de celle où fe trouvoit l'Angleterre à l'égard de l'Amérique feptentrionale.

hommes font libres, & que tous les hommes ne font pas libres. Voilà pourtant, voilà ce que l'on ofe propofer au fein de l'Affemblée Nationale : cette incroyable queftion a déjà occupé deux Légiflatures ; elle partage Députés, Tribunes & le Corps même de la Nation. Il fe pourroit (quelle honte pour la France!) que les autres Métropoles Européennes reconnuffent, fans aucune Déclaration des Droits de l'Homme, la liberté de leurs Negres, pendant que les François feront encore à difputer, les Droits de l'Homme à la main, fur la liberté des leurs; & ce qu'il y a de plus déplorable, combien de maffacres, d'incendies & d'horreurs cette difpute a-t-elle déjà occafionnés ! Combien de ceux mêmes qui ont juré de facrifier leur vie pour la défenfe de la liberté, font prêts à l'aller facrifier pour la défenfe de l'efclavage !

Si perfonne, au refte, n'ignore que fufciter la liberté feroit un crime aux yeux d'un Gouvernement fondé fur l'efclavage, l'on doit concevoir qu'à plus forté raifon fufciter l'efclavage en doit être un aux yeux d'un Gouvernement qui fe dit fondé fur la liberté. Il n'eft pas plus permis de demander, fous l'empire des Droits de l'Homme, fi les François peuvent avoir des efclaves, que de demander s'ils peuvent l'être. Promulguer par des Loix formelles & l'égalité en droit & l'efclavage de fait, feroit réduire les hommes à une égalité réelle d'efclavage; les uns une fois affervis, les autres, dès qu'ils ne font que leurs égaux en droits, peuvent l'être tout auffi légitimement. Si l'on peut prendre à l'égard des uns le prétexte de la couleur, l'on pourra prendre à l'égard des autres celui de l'habit ou du culte, ou d'autres femblables prétextes : les plus favorifés aujourd'hui feront demain les plus opprimés; en un mot, il n'exifta jamais de peuplade auffi fervile, auffi avilie, ni menacée d'autant de malheurs que celle qui feroit affujettie à des Loix qui déclareroient que tous les hommes font libres, & que tous les hommes ne font pas libres. C'eft donc la caufe de tous les François, & non pas feulement celle des

Noirs

Noirs que je défends ici ; c'eſt pour tous les François que je ſuis formellement oppoſant à ce que l'on aſſocie aucune Déclaration de l'eſclavage à la Déclaration des Droits de l'Homme. Je ne reconnois pas ce droit, fût-ce à toutes les Nations du monde aſſemblées.

Je perſiſte donc dans tous les chefs de ma Pétition pro- CONCLUSIONS duite le 17 Décembre à l'Aſſemblée Nationale, obſervant ſeulement à l'égard des douze mille hommes à envoyer dans les Colonies, qu'attendu les circonſtances de la guerre il n'en ſera pris qu'une partie dans les troupes de ligne, le ſurplus ſera tiré des Gardes nationales, en prenant les hommes, non pas par la voie du ſort, mais par inſcription volontaire, & en donnant, en cas de ſurabondance de ſujets, la préférence à l'ancienneté de ſervice.

Je demande, additionnellement à ma ſuſdite Pétition, que le Roi ſoit invité à traiter, au nom de la Nation, avec un ou pluſieurs Souverains des côtes d'Afrique, à l'effet d'en obtenir la conceſſion des terreins qui ſeront cultivés tant par des Negres enrôlés à cet effet, que par les Negres de nos Colonies, qui, après l'expiration de leur engagement, y ſeroient tranſportés, au terme de l'article IV de ma précédente Pétition, & auxquels l'on accorderoit des portions de terre, pour en jouir ſous la protection de la France, & ſous les Loix qu'elle leur donneroit.

Enfin que le Comité Colonial ſoit chargé de préſenter très-inceſſamment, & au jour qu'il plaira à l'Aſſemblée de fixer, le Projet d'un Réglement proviſoire relatif aux changemens que le nouvel ordre des choſes apporte à la poſition reſpective des Blancs & des Noirs.

PÉTITION à l'Aſſemblée Nationale, & Avis au Peuple Francois, en faveur des Blancs & des Noirs, mis ſous les yeux de l'Aſſemblée Nationale, & rendus publics par la voie de l'impreſſion, en Décembre 1791.

L'ON ſçait que la conſervation de nos Colonies a toujours été un des grands objets de la vigilance du Gouvernement François. Aujourd'hui les plus affreux défaftres , le maffacre des Blancs & des Noirs , les Habitations livrées aux flammes , des pertes évaluées déjà à fix cents millions , tant de maux trouveront-ils les François infenfibles ? Ce ne feroit pas affez d'accufer leur infenfibilité , il faudroit les accufer encore d'être en contradiction avec leurs principes. Or , quelle Société pourroit fubfifter , fi les principes qui la cimentent s'entrechoquent & fe détruifent ?

Je vous le dis, François, ce qui divife les hommes en fociété, ce n'eft pas tant la contradiction de ce qu'ils appellent leurs intérêts , que la contradiction de leurs opinions & de leurs principes. Toutes les claffes de la Société , que dis-je ? tous les individus ont des intérêts oppofés ; ils n'en font pas moins unis s'ils fuivent les mêmes principes. Sont-ils divifés en principes ? vous les voyez en guerre, fuffent-ils même unis d'intérêts ; tant il eft vrai que les intérêts qui tiennent purement aux combinaifons des hommes ne font que des intérêts préfumés, & fur lefquels ils font très-fujets à fe tromper ; au lieu que l'intérêt véritable , l'intérêt dominant des hommes en fociété , eft celui que tous ont de fe rallier aux mêmes principes.

Pefez ces vérités, François, elles méritent toute votre attention. Combien, au refte, eft bienfaifante & falutaire cette morale que trop fouvent l'on vous a préfentée fous un afpect défiguré ! Je ne vous dirai point , par exemple , comme d'autres vous ont dit : *Périffent nos Colonies plutôt que de facrifier un principe !* mais je vous dirai : Ne facrifiez les principes à aucune forte de confidération , & les Colonies ne périront point ; & le falut des Colonies , dû à votre fidélité aux vrais principes , peut être encore le gage du falut de la France entiere.

La qualité d'être *libre* ne peut faire une queftion là où la qualité d'homme n'en fçauroit faire une. Voilà le principe le plus généralement confacré dans le nouvel ordre des chofes : voilà la bafe fondamentale de la Conftitution. Avant donc de demander fi le Noir peut être efclave du Blanc , il faut mettre en pieces la Conftitution , ou décréter que le Noir n'eft pas homme : en un mot , ajouter aux maux de l'efclavage , une abjection pire que l'efclavage même , c'eft ce dont il eft impoffible de difconvenir. Mais ce qui n'eft pas moins inconteftable fans doute , c'eft qu'il ne fallût pas expofer les Blancs à être eux-mêmes mis en pieces par ces nouveaux Affranchis, ni l'Etat à perdre fes Colonies. François de tous les partis , que chacun de vous s'interroge, & qu'il dife s'il peut méconnoître ces vérités : fuivons-les donc dans la conduite que nous avons à tenir.

CONCLUSIONS. Je demande en conféquence , premiérement, que les Noirs étant déclarés libres par la Conftitution, la traite des Negres, à titre d'efclavage, foit abolie, & qu'il lui foit fubftituée une traite à titre de fimple enrôlement ou d'engagement.

Secondement , que cette nouvelle efpece de traite comporte trois périodes pour le temps de l'engagement de chaque Negre.

Pendant la premiere, qui fera celle d'apprenti, le Negre n'aura point de falaire.

Pendant la feconde, qui fera celle de compagnon, le falaire qui aura été réglé fera pour le rembourfement de ce qu'il en aura coûté, foit à l'Etat, foit au particulier qui aura fait la traite.

Pendant la troifieme, qui fera celle de vétéran, le falaire, fur le même pied qu'à la feconde période, fera mis en maffe, jufqu'à concurrence de la fomme néceffaire pour tranfporter le Negre dans fon pays, avec une pacotille à l'ufage du pays, propre à lui procurer l'aifance dont il peut jouir parmi les fiens.

S'il aimoit mieux refter & faire un nouvel engagement, la fomme mife en maffe pour l'objet ci-deffus, lui feroit remife, & acquife comme fa propriété.

Troifiémement, les enfans provenans de Noirs & de Négreffes feront reconnus appartenir à la Nation Negre ; & cependant étant nés fur le territoire de l'Empire François, & pendant l'engagement de leurs pere & mere, ils feront élevés & entretenus, dans l'enfance, aux frais du Maître de leurs parens ; parvenus à l'âge d'adolefcence, ils feront en état d'engagement, dont ils auront à parcourir les trois périodes, ainfi qu'il a été prefcrit à l'égard des Negres enrôlés en Négritie, avec cette feule différence que le falaire de la feconde période fera retenu pour rembourfer les frais de leur entretien & éducation (1).

Quatriémement, qu'il foit décrété que le Negre fera toujours remis dans fon pays à l'expiration de fon engagement, ou du renouvellement.

Cinquiémement, notre Gouvernement ménagera avec le Gouvernement Africain un Traité, par lequel le Gouvernement Africain fera tenu d'affurer aü Negre, de retour après fon engagement, la jouiffance de la pacotille qu'il aura apportée ; & l'on ne pourra le revendre à aucune Nation.

Sixiémement, la Loi qui déclare les Negres libres, ne pouvant pas en même temps les déclarer quittes des fommes qu'ils ont coûtées ; ne pouvant, par un effet rétroactif, imputer, à titre d'acquittement, les fervices précédemment rendus, fuivant les Loix anciennes, à titre d'efclavage, les Negres de nos Colonies refteront en état d'engagement, pour en remplir les conditions felon le projet énoncé ci-deffus.

---

(1) Quant aux enfans nés d'un Blanc & d'une Noire, ou d'un Noir & d'une Blanche, quoiqu'ils n'appartiennent proprement ni a la Nation Negre, ni à la Nation Blanche, qu'ils foient provenus d'une co-habitation profcrite, & qu'ils foient d'un fang mêlé, ils n'en font pas moins des hommes, des êtres libres · aujourd'hui ils joignent aux droits qu'ils avoient déjà, de nouveaux droits par leur dernier Concordat avec les Blancs; & la Conftitution eft pour eux. Mais la Conftitution ne nous obligeant pas d'entretenir & multiplier ce mélange, il fera néceffaire de faire, à l'égard des enfans qui, par la fuite, naîtront du commerce des Blancs & des Noirs, une Loi particuliere, dont je me propofe de donner le projet.

Septiémement , l'engagement de ceux dès Negres révoltés qui feront légalement convaincus d'avoir contribué , autrement que par une jufte défenfe , aux défaftres qui viennent d'arriver à Saint-Domingue , fera prolongé en raifon de l'indemnité , qui eft la moindre peine à laquelle les affujettiffent leurs forfaits ; feront punis de mort les chefs feulement , & quelques-uns des plus coupables.

Huitiémement , attendu le grand éloignement & le danger imminent des Colonies , il fera fans retard envoyé à Saint-Domingue , en premier lieu , par l'Affemblée Nationale , une Commiffion prife parmi les Membres , laquelle fera autorifée à rendre des décrets , mais fur les cas d'urgence feulement ; en fecond lieu , par le Roi , une Commiffion autorifée à fanctionner ces décrets d'urgence , & chargée , fur fa refponfabilité , de faire exécuter les décrets fanctionnés ou légalifés : & comme il ne pourra , ainfi qu'il vient d'être dit , être rendu que des décrets d'urgence , la Commiffion Royale fera tenue d'y appofer foit fa fanction , foit fon veto , dans les vingt quatre heures.

Ne feront point fujets au veto , & feront légalifés de plein droit les décrets rendus fur l'initiative , ou revêtus de l'approbation en forme de l'Affemblée Coloniale , pourvu que cette initiative ou cette approbation foit formée par la majorité des deux tiers au moins des Membres de l'Affemblée Coloniale , lefquels deux tiers fe prendront non pas feulement felon le nombre des Membres préfens à la délibération , mais felon le nombre des Membres portés fur le tableau.

Neuviémement, le Gouvernement enverra, dans le plus court délai poffible, douze mille hommes de troupes de ligne , ou davantage s'il eft jugé néceffaire, pour rappeler à l'obéiffance les révoltés , & donner imperturbablement force à la Loi.

Dixiémement, le Gouvernement donnera aux Colons tous les encouragemens & tous les fecours qui feront en fon pouvoir, pour leur aider à réparer leurs pertes , fpécialement à l'égard de ceux qui, ayant perdu des Negres dans la révolte , défireroient les remplacer felon le nouveau mode de traite établi ci-deffus ; à l'effet de quoi les Commiffaires Royaux feront munis des pouvoirs & inftructions néceffaires pour traiter avec le Gouvernement Africain.

Onziémement, il fera , par la préfente Loi, formellement dérogé à toutes autres qui pourroient avoir des difpofitions contraires.

— 13 —

LETTRES IMPORTANTES,

RELATIVES

A LA QUESTION DES CITOYENS DE COULEUR.

LES deux lettres suivantes, dont l'authenticité est garantie, n'ont pas besoin de commentaires ; elles dévoilent un des artifices dont on s'est servi pour effrayer et égarer l'assemblée nationale.

LETTRE de M. BAUX, député extraordinaire du commerce de Bordeaux.

RETENU au lit ou à la campagne par une maladie douloureuse, pendant qu'on agitoit, à l'assemblée nationale, la question des droits des gens de couleur libres, ce n'est qu'à mon retour à Paris , dans le moment même, que j'apprends que cette question a été traitée; qu'après de longues discussions et un appel nominal, il a été décidé qu'il y avoit lieu à délibérer sur le projet du comité, et que cette décision a peut être obtenu quelques voix , d'après une adresse des députés extraordinaires du commerce et des manufactures de France , répandue ce matin à l'assemblée nationale. Je croirois manquer essentiellement à mon devoir de député extraordinaire du commerce de Bordeaux, et envers l'assemblée nationale, et plus encore envers les négocians de Bordeaux, qui m'ont honoré de leur confiance, et dont la majorité est bien éloignée d'adopter de pareils principes, si je ne m'empressois de prévenir l'assemblée nationale avant qu'elle prenne une détermination définitive, et de l'assurer qu'il y a tout au moins, dans cette adresse, une erreur bien grave dans les signatures qui se trouvent apposées au bas, puisque je vérifie dans l'instant même que la séance des députés extraordinaires, dans laquelle on a pris cette détermination, étoit très-peu nombreuse; *qu'aucun de ceux dont la signature est indiquée ne l'a signée*, excepté M. Béchade, comme président, et le secrétaire; *qu'une grande partie de ceux indiqués comme ayant signé étoient absens*, et que MM. Demontmeau et Dufour particulièrement sont à Rouen. D'où il résulte que cette adresse est donnée par la minorité et non la majorité des députés du commerce.

Paris, le 12 *mai* 1791. J. L. BAUX.

LETTRE de M. GENSONNÉ, membre du tribunal de cassation, élu par le département de la Gironde.

J'APPRENDS, monsieur, qu'on a conçu des doutes sur l'opinion des citoyens de Bordeaux, quant à l'initiative que demandent les colonies, et aux droits de citoyens actifs que réclament les citoyens de couleur libres. Je vous atteste que sur l'une et l'autre question, l'opinion des Bordelais est fortement prononcée : ils regardent comme une dérogation improposable à la déclaration des droits , de priver les citoyens de couleur libres des droits imprescriptibles que leur assure leur qualité de citoyens ; l'initiative que réclament les colons leur paroît également contraire aux droits et à l'intérét de la métropole. Cette opinion, à Bordeaux , ne peut être douteuse ; et à l'exception d'un très-petit nombre de négocians , séduits par les caresses des colons, ou abusés sur les vrais intéréts du commerce , il n'est personne qui ne convienne de la nécessité où l'on est , de reconnoître les droits des citoyens de couleur libres , et de ne pas donner aux colons un privilège funeste qui anéantiroit bientôt toutes les relations commerciales que la métropole entretient avec eux , cu du moins qui livreroit à leurs caprices ou à leurs intéréts le sort de notre commerce.

GENSONNÉ

DE L'IMPRIMERIE DU PATRIOTE FRANÇOIS,
Place du Théâtre Italien, N°. 2.

— 14 —

LETTRE

AUX CITOYENS DE COULEUR

ET NÈGRES LIBRES

DE SAINT-DOMINGUE,

ET DES AUTRES ISLES FRANÇOISES
DE L'AMÉRIQUE.

Par M. Grégoire, Député à l'Assemblée Nationale, Evêque du Département de Loir et Cher.

Amis,

Vous étiez hommes, vous êtes citoyens et réintégrés dans la plénitude de vos droits, vous participerez désormais à la souveraineté du peuple. Le décret que l'assemblée nationale vient de rendre à votre égard, sur cet objet, n'est point une *grace*, car une *grace* est un *privilége*, un *privilége* est une *injustice ;* et ces mots ne doivent plus souiller le code des François. En vous assurant l'exercice des droits politiques, nous avons acquitté

A

une dette ; y manquer eût été un crime de notre part et une tache à la constitution. Les législateurs d'une nation libre pouvoient-ils faire moins pour vous que nos anciens despotes ?

Il y a plus d'un siècle que Louis XIV avoit solemnellement reconnu et proclamé vos droits ; mais ce patrimoine sacré avoit été envahi par l'orgueil et la cupidité qui, graduellement, agravoient votre joug et empoisonnoient votre existence. La résurrection de l'empire françois ouvrit vos cœurs à l'espérance, et ce rayon consolateur adoucit l'amertume de vos maux. A peine les soupçonnoit-on en Europe ; les colons blancs, qui siégeoient parmi nous, se plaignoient très-vivement de la tyrannie ministérielle ; mais ils n'avoient garde de parler de la leur. Jamais ils n'articuloient les plaintes des malheureux sang-mêlés, qui toutefois sont leurs enfans ; et c'est nous qui, à deux mille lieues de distance, avons été contraints de défendre les enfans contre le mépris, l'acharnement, contre la cruauté de leurs pères. Mais vainement on a tenté d'étouffer vos réclamations ; vos soupirs, malgré l'étendue des mers qui nous séparent, vos maux ont retenti dans le cœur des François d'Europe, car ceux-ci ont un cœur.

Dieu, dans sa tendresse, embrasse tous les hommes ; son amour n'admet de différence que celle qui résulte de l'étendue de leurs vertus ; la loi qui doit être une émanation de l'éternelle justice, pourroit-elle consacrer une prédilection coupable, et la patrie, qui surveille tous les membres de la grande famille, pourroit-elle être la mère des uns, la marâtre des autres ?

Non, messieurs, vous ne pouviez échapper à la sollicitude de l'assemblée nationale. En déroulant aux yeux de l'univers la grande charte de la nature, elle y a retrouvé vos titres : on avoit tenté de les faire disparoître ; heureusement les caractères en étoient ineffaçables, comme l'empreinte sacrée de la divinité gravée sur vos fronts.

Déjà le 28 mars 1790, dans son instruction pour les colonies, l'assemblée nationale avoit compris sous une dénomination commune et les blancs et les sangs-mêlés. Vos ennemis ont voulu faire mentir le papier, en imprimant le contraire ; mais il est incontestable que quand alors je demandai que nominativement vous y fussiez compris, une foule de députés , dont plusieurs planteurs , s'empressèrent de crier que l'article vous enveloppoit dans sa généralité ; et M. Barnave lui même , qui me l'avoit dit , cédant à mes interpellations multipliées , vient enfin d'en faire l'aveu à la face de l'assemblée. N'avois-je pas raison de craindre qu'une interprétation perverse ne travestît nos décrets ? Des vexations nouvelles , à votre égard , et vos maux portés à leur comble, n'ont que trop justifié mes appréhensions. Les lettres que j'ai reçues de vous à ce sujet ont fait couler mes larmes. La postérité s'étonnera, s'indignera peut-être que pendant cinq jours consécutifs on ait débattu votre cause, dont la justice est portée à l'évidence. Hélas ! quand l'humanité est réduite à lutter contre la vanité et le préjugé, son triomphe est une pénible conquête !

Depuis long-temps la société des amis des noirs s'occupoit des moyens d'adoucir votre sort et celui des esclaves ; il est difficile , impossible peut-être , de faire impunément le bien , et son zèle respectable lui a mérité bien des outrages, Des hommes vils se cachoient sous l'anonyme , pour lancer sur elle leur venin ; et dans d'impudens libelles, ils ne cessoient de répéter des objections et des calomnies cent fois pulvérisées. Que de fois . les pervers , ils nous ont accusés d'être vendus aux Anglois , soudoyés contre la France , par les Anglois , de vous avoir adressé des lettres incendiaires et envoyé des armes ! Vous le savez , mes amis , combien elles sont lâches et atroces , ces impostures , nous qui vous avons prêché sans cesse l'attachement à la mére-patrie , la résignation , la patience , en attendant le réveil de la justice. Rien n'a pu attiédir notre zéle ni celui de vos frères sang-mêlés qui sont à Paris. M. Raimond , sur-tout , s'est voué d'une manière héroïque à votre défense. Avec quel transport vous eussiez vu ce citoyen distingué , à la barre de l'assemblée nationale , dont il mérite d'être membre , présenter le tableau déchirant de vos malheurs , et réclamer énergiquement vos droits ! Si l'assemblée les eût sacrifiés , elle eût flétri sa gloire. Le devoir lui commandoit de décréter avec justice , de s'expliquer avec clarté , de faire exécuter avec fermeté , elle la fait ; et si (ce qu'à Dieu ne plaise) quelque événement caché dans le sein de l'avenir , nous arrachoit nos colonies , ne vaudroit-il pas mieux avoir une perte à déplorer, qu'une injustice à nous reprocher.

Citoyens, relevez vos fronts humiliés ; à la dignité d'hommes, associez le courage, la fierté d'un peuple libre : le 15 mai, jour où vous avez reconquis vos droits, doit être à jamais mémorable pour vous et vos enfans. Cette époque réveillera périodiquement en vous les sentimens de la gratitude envers l'Être suprême, et puissent alors vos accens frapper la voûte des Cieux vers lesquels s'éleveront vos mains reconnoissantes !

Enfin vous avez une patrie, désormais vous ne verrez au-dessus de vous que la loi ; l'avantage de concourir à sa création vous assurera le droit imprescriptible de tous les peuples, celui de n'obéir qu'à vous-mêmes.

Vous avez une patrie, et sans doute elle ne sera plus une terre d'exil, dans laquelle vous ne rencontriez que des maîtres et des compagnons de malheur ; ceux - là distribuant, ceux-ci recueillant le mépris et les outrages. Les sanglots de votre douleur étoient punis comme des cris de rébellion ; placés entre les poignards et la mort, ces contrées malheureuses furent souvent imbibées de vos larmes, quelquefois teintes de votre sang.

Vous avez une patrie, et sans doute le bonheur luira sur les lieux qui vous ont vu naître; alors vous goûterez en paix les fruits des champs que vous aurez cultivés sans trouble; alors sera comblé l'intervalle qui, plaçant à grande distance les uns des autres les enfans d'un même père, étouffoit la voix de la nature et brisoit les liens de la fraternité; alors les chastes douceurs de l'union conjugale remplaceront les sales explosions de la débauche, qui insultoit à la majesté des mœurs.

Et par quel étrange renversement de raison étoit-il honteux à un blanc d'épouser une femme de couleur, tandis qu'il n'étoit pas déshonorant de vivre avec elle dans un libertinage grossier? Plus l'homme est dénué de vertus, plus il cherche à s'entourer de distinctions frivoles; et quelle absurdité, de vouloir fonder un mérite sur les nuances de la peau, sur les teintes plus ou moins rembrunies du visage! L'homme qui pense rougit quelquefois d'être homme, quand il voit ses semblables aveuglés par un tel délire; mais comme malheureusement l'orgueil est la passion la plus tenace, le régne du préjugé se prolonge ; car l'homme semble ne devoir atteindre la vérité qu'aprés avoir épuisé toutes les chances de l'erreur.

Il n'existe point dans nos colonies orientales, ce préjugé contre lequel elles ont réclamé par l'organe de MM. Monneron. Rien de plus touchant que l'éloge des gens de couleur, tel que l'ont consigné les habitans de cette partie du monde dans leurs instructions pour leurs députés à l'assemblée nationale. L'académie des sciences de Paris s'honore de compter au nombre de ses correspondans un mulâtre de l'île de France ; parmi nous, un négre estimé est administrateur du district de Saint-Hypolite, dans le département du Gard. Nous ne croyons pas que la différence de la peau puisse établir des droits différens entre les membres de la société politique ; aussi vous ne trouverez pas ces orgueilleuses petitesses dans nos braves gardes nationales, qui veulent aller en Amérique assurer l'exécution de nos décrets. Pénétrés des sentimens louables qu'a manifestés la ville de Bordeaux, ils vous diront avec elle, que le décret relatif aux gens de couleur, rédigé sous les auspices de la *prudence* et de la *sagesse* (1) , est un hommage à la *raison* et à la *justice* (2) ; que les députés des *colonies* ont *calomnié* vos intentions et *celle du commerce* (3). Elle est bien étrange, la conduite de ces mandataires, sollicitant ardemment à Versailles leur admission dans l'assemblée, jurant avec nous, au jeu de paume, de ne pas nous quitter que quand la constitution seroit achevée, et nous déclarant ensuite, après le décret du 15 mai dernier, qu'ils ne peuvent plus siéger parmi nous. Cette désertion est un abandon des principes et une brèche à la religion du serment.

Déja les colons blancs qui sont dignes d'être François, s'empressent d'abjurer des préventions ridicules, pour ne voir en vous que des frères et des amis. Avec quelle douce émotion nous citons ces paroles des citoyens actifs de Jacmel : « Nous vouant à suivre sans restric» tion les décrets de l'assemblée nationale » sur notre constitution présente et à venir,

------

(1) V. lettre du directoire du département de la Gironde aux assemblées coloniales.

(2) V. adresse du directoire du département de la Gironde aux citoyens et gardes nationales du département.

(3) V. lettre du directoire, etc.

» et nous conformer à ceux qui pourroient en
» changer la substance ». (1) Les citoyens
du Port-au-Prince disent à l'assemblée nationale les mêmes choses en d'autres termes :
« Daignez, messieurs, recevoir le serment
» que la municipalité prête entre vos mains,
» au nom de la commune du Port-au-Prince,
» de respecter et exécuter ponctuellement
» tous vos décrets, et de ne jamais s'en écar-
» ter, sous quelque prétexte que ce puisse
» être (2) ».

Ainsi la philosophie agrandit son horizon
dans le Nouveau-Monde, et bientôt d'absur-
des préjugés n'auront plus pour sectateurs
que quelques tyrans subalternes, qui voudroient perpétuer en Amérique le règne du
despotisme écrasé en France, Et qu'eussent-
ils dit, si les gens de couleur avoient tenté
d'arracher aux blancs la jouissance des avantages politiques? Avec quelle force ils eussent
réclamé contre cette vexation ! Ils écument
de rage de voir qu'on vous ait révélé et rendu vos droits. Par l'espoir de consoler leur

(1) Extrait des registres des délibérations de la municipalité de Jacmel, 10 mars 1791.

(2) Adresse de la municipalité du Port-au-Prince à l'assemblée nationale, page 9.

orgueil irrité, peut-être ils s'épuiseront en efforts pour faire échouer le succès de nos décrets ; ils tenteront une secousse qui, arrachant les colomes à la mère-patrie, leur facilite les moyens d'échapper à leurs créanciers. Ils n'ont cessé de semer la terreur, de dire qu'un acte de justice à votre égard ébranleroit Saint-Domingue. Dans cette assertion. nous n'avons vu que mensonge ; nous aimons à croire qu'au contraire le décret va serrer les nœuds qui vous unissent à la métropole. Le patriotisme éclairant votre intérêt et vos affections, c'est encore vers la métropole que vous dirigerez vos opérations commerciales, et les tributs mutuels de l'industrie établiront entre la France et ses colonies un échange constant de fortune et de sentimens fraternels. Si vous étiez infidèles à la France, vous seriez les plus vils et les plus méchans des hommes. Non, généreux citoyens, vous ne serez point traîtres à la patrie ; cette idée seule vous pénètre d'horreur ; ralliés avec tous les bons François sous les drapeaux de la liberté, vous défendrez notre sublime constitution. Un jour des députés de couleur franchiront l'Océan pour venir siéger dans la diète nationale, et jurer avec nous de vivre et de mourir sous nos lois. Un jour le soleil n'éclairera parmi vous que des hommes libres ; les rayons de l'astre qui répand la lumière ne tomberont plus sur des fers et des esclaves. L'assemblée nationale n'a point encore associé ces derniers à votre sort, parce que les droits des citoyens, concédés brusquement à ceux qui n'en connoissent pas les devoirs, seroient peut-être pour eux un présent funeste ; mais n'oubliez pas que, comme vous, ils naissent et demeurent libres et égaux. Il est dans la marche irrésistible des événemens, dans la progression des lumières que tous les peuples dépossédés du domaine de la liberté récupèrent enfin cette propriété *inamissible*.

On vous reproche, plus qu'aux blancs, de la dureté envers les nègres ; mais ,hélas ! on a répandu tant d'impostures contre vous, que prudemment nous devons élever des doutes sur cette accusation : si cependant elle étoit fondée, agissez de manière qu'au plutôt une médisance devienne une calomnie.

Vos oppresseurs ont souvent repoussé loin des esclaves les lumières du christianisme, parce que la religion de la douceur, de l'égalité, de la liberté, ne convenoit point à la férocité de ces hommes de sang. Que votre conduite contraste entièrement avec la leur. *Charité* est le cri de l'évangile, vos pasteurs le feront retentir au milieu de vous; ouvrez vos cœurs à cette morale divine dont ils sont les organes. Nous avons allégé vos peines, allégez celle de ces malheureuses victimes de l'avarice qui arrosent vos champs de leurs sueurs et souvent de leurs larmes; que l'existence ne soit plus pour les esclaves un supplice; par vos bienfaits à leur égard, expiez les crimes de l'Europe. En les amenant progressivement à la liberté, vous accomplirez un devoir, vous vous préparerez des souvenirs consolateurs, vous honorerez l'humanité, vous assurerez la prospérité des colonies. Telle sera votre conduite envers vos frères les nègres : mais que devez-vous faire à l'égard de vos pères les blancs? Sans doute il vous sera permis de verser des pleurs sur les cendres de Ferrand de Baudière, de cet infortuné Ogé, légalement assassiné, et mourant sur la roue, pour avoir voulu être libre; mais périsse celui d'entre vous qui oseroit concevoir contre vos persécuteurs des projets de vengeance. D'ailleurs, ne sont-ils pas livrés à leurs remords et couverts d'un éternel opprobre ? L'exécration contemporaine ne dévancera-t-elle pas à leur égard l'exécration de la postérité ? Ensevelissez dans un oubli profond tous les ressentimens de la haine, goûtez le plaisir délicieux de faire du bien à vos oppresseurs, et même réprimez les élans trop marqués d'une joie qui, en rappelant leurs torts, aiguiseroit contre eux la pointe du repentir.

Religieusement soumis aux lois, inspirez-en l'amour à vos enfans; qu'une éducation soignée développant leurs facultés morales, prépare à la génération qui vous succédera des citoyens vertueux, des hommes publics, des défenseurs de la patrie.

Comme leurs cœurs seront émus, quand les conduisant sur vos rivages, vous dirigerez leurs regards vers la France, en leur disant : Par-delà ces parages est la mère-patrie : c'est de là que sont arrivés chez nous la liberté, la justice et le bonheur; là sont nos concitoyens, nos frères et nos amis; nous leur avons juré une amitié éternelle. Héritiers de nos sentimens, de nos af-

fections, que vos cœurs et vos bouches répètent nos sermens ; vivez pour les aimer,
et s'il le faut, mourez pour les défendre.

Signé GRÉGOIRE.

Paris, ce 8 juin 1791.

De l'Imprimerie du PATRIOTE FRANÇOIS,
place du Théâtre Italien.

ACHEVE D'IMPRIMER LE 30 SEPTEMBRE 1968 PAR GALLI THIERRY,
MAITRE IMPRIMEUR A MILAN POUR LE COMPTE DE

EDHIS

EDITIONS D'HISTOIRE SOCIALE
10, RUE VIVIENNE A PARIS

IL A ETE TIRE 750 EXEMPLAIRES NUMEROTES SUR PAPIER
VERGE A LA MAIN, PLUS 30 EXEMPLAIRES HORS COMMERCE

EXEMPLAIRE N°   165

www.ingramcontent.com/pod-product-compliance
Ingram Content Group UK Ltd.
Pitfield, Milton Keynes, MK11 3LW, UK
UKHW021018140726
13695UKWH00001B/343